Du Métayage Comparé Au Fermage Dans Le Midi De La France

MITTRE, MARIUS HENRI CASIMIR

Du Métayage Comparé Au Fermage Dans Le Midi De La France

Mittre, Marius Henri Casimir

DU MÉTAYAGE

COMPARÉ AU FERMAGE

DANS

LE MIDI DE LA FRANCE

OUVRAGES PUBLIES PAR L'AUTEUR :

Quelques Réflexions sur la Révolution de 1830 et principalement sur la Pairie (*question de l'Hérédité*). Brochure in-8°, Paris, 1831.

De l'Influence de Paris sur toute la France, ou de la centralisation économique, administrative et politique, et des moyens d'en diminuer les inconvenients. Brochure in-8°, Paris, 1853.

Des Domestiques en France, dans leurs rapports avec l'économie sociale, le bonheur domestique, les lois civiles, criminelles et de police (Mémoire couronné par la société académique de Seine-et-Oise, en 1857) Brochure in-8°, Paris, 1858

DU MÉTAYAGE

COMPARÉ

AU FERMAGE

DANS

LE MIDI DE LA FRANCE;

MÉMOIRE

Couronné par les Académies d'Aix et de Bordeaux;

PAR

Marius-Henri-Casimir MITTRE,

Ancien avocat aux conseils du Roi et à la Cour de Cassation
membre de plusieurs Académies.

Celui qui fait aimer les champs,
fait aimer la vertu.
DELILLE

AIX,

TYPOGRAPHIE AUBIN, SUR LE COURS, 1.

1848.

PRÉFACE.

Les temps calmes de la paix ont favorisé l'étude des diverses branches de l'économie sociale, et l'attention s'est portée depuis quelque temps sur les divers moyens employés par les propriétaires en France pour cultiver leurs terres et en obtenir le meilleur revenu possible. Deux modes généraux d'exploitation sont usités et partagent, pour ainsi dire, la France en deux parties : l'une au nord et l'autre au midi. Dans le Nord les propriétaires font valoir leurs terres par des fermiers, qui leur payent une rente en argent;

dans le Midi ils le font, soit par des fermiers, soit par des métayers, c'est-à-dire qu'avec ces derniers les propriétaires partagent les produits de la terre et ne reçoivent d'eux aucune rente en argent.

Dans cet état de choses l'académie des sciences, de l'agriculture, des arts et belles lettres d'Aix, placée au centre d'une contrée où le mode d'exploiter les terres par des métayers domine généralement, avait mis au concours pour l'année 1847 la question suivante :

« Examiner quel est, pour le territoire d'Aix et « les terrains analogues de l'ancienne Provence, le « mode à préférer dans l'exploitation des terres par « autrui, du fermage, ou du bail à mégerie (1) ; « donner les règles qui président au bail à mégerie « dans le territoire d'Aix ou dans tout autre terri- « toire de l'ancienne Provence dont on s'occupera « spécialement ; rechercher si le bail à mégerie est « ou non plus propre que le bail à ferme à assurer « l'avantage d'un plus grand nombre de familles « agricoles et propriétaires. »

L'académie des sciences, des belles lettres et arts de Bordeaux, également préoccupée de ce débat

_____

(1) En Provence on dit mégerie au lieu de métairie.

élevé depuis quelque temps entre le fermage et le métayage, avait aussi proposé pour 1847 la question en ces termes :

« Le midi de la France est-il, comparativement
« avec le nord, dans des conditions telles que le mé-
« tayage soit, pour nos provinces méridionales,
« d'une nécessité incontestable ?

« Le maintien de ce système s'expliquerait-il au
« contraire par l'influence de l'habitude et des vieil-
« les traditions ? »

Quoique, ne nous étant jamais occupé d'une manière particulière de l'économie rurale, il semblât que nous fussions impropre à examiner ou à traiter ces deux questions, cependant, après un long séjour dans une capitale, tout ce qui se rapporte à l'agriculture et à la paix des champs nous a saisi d'un si vif attrait, que nous n'avons pu résister au plaisir d'exercer notre esprit sur une matière qui reposerait notre vue en la portant sur les lieux où règne la tranquillité, si voisine du bonheur, et d'où sont bannis les noirs soucis et toutes les agitations des grandes villes.

L'académie d'Aix et celle de Bordeaux ont couronné nos efforts en nous décernant le prix qu'elles avaient proposé. Mais la matière, il faut l'avouer, n'était pas exempte de difficultés. Les économistes, n'ayant pas examiné le métayage, ou de près, ou dans tous les lieux qui le connaissent, en ont parlé généralement avec beaucoup de préventions et rarement avec une entière connaissance de cause. Aussi les difficultés, au premier abord, nous paraissaient-elles inextricables, et la satisfaction même de les vaincre, précisément aussi parce que la matière était neuve pour nous, n'a pas été le moindre stimulant qui ait soutenu et encouragé nos efforts.

Du reste, les questions proposées par les deux académies sont loin d'être de pure curiosité. Le métayage ne subsistera pas indéfiniment partout où il se maintient encore D'autre part le doute qui régnait dans les esprits au sujet des avantages ou des inconvénients respectifs des deux modes d'exploitation, laissait les propriétaires dans l'indécision, et, sans compter les anxiétés que causait à un certain nombre le choix qu'ils avaient à faire, cette indécision nuisait à l'agriculture en rendant timide sur les entreprises agricoles et les projets d'amélioration, qu'une conviction sans nuages peut favoriser. Il n'était pas inutile, non plus, pour le moraliste et le politique, de se faire des idées claires sur le bien-être relatif et la moralité comparée de la classe des fermiers et de celle des métayers, et sur l'influence publique du métayage dans les contrées où il domine. Enfin remonter aux causes premières de l'établissement de ce genre d'exploitation, sonder les fondements de son maintien dans certaines contrées et, par là même, indiquer à chaque localité et à chaque propriétaire le parti qui est à suivre, de manière que tout le monde profite des lumières que l'observation et la théorie peuvent jeter sur une question si peu éclaircie jusqu'à ce jour, tel a été le but de nos efforts.

Il nous reste à expliquer quelques mots qu'il est bon que chacun connaisse à fond. Métairie vient de *metà*, mot italien qui signifie moitié. Mégerie, en Provence, vient du mot provençal *miegio*, qui veut dire aussi moitié. Métayage, bail à métairie, bail à mégerie et bail à moitié-fruits sont donc synonimes. Chez les Romains celui qui cultivait pour une moitié ou une autre partie des produits, s'appelait colon partiaire (*colonus partiarius*), colon, c'est-à-dire, celui qui cultive (de *colere* cultiver); d'où quelques auteurs ont formé les expressions de *colonage partiaire* et *bail partiaire*. Le code civil a adopté celle de *colon partiaire*, qui est plus générale que celle de métayer.

DU MÉTAYAGE

COMPARÉ AU FERMAGE

DANS

LE MIDI DE LA FRANCE.

CHAPITRE I

Définition légale du bail à ferme et du bail à métairie — Causes de la défaveur théorique du métayage — Double distinction à faire dans les pays où ce mode d'exploitation est généralement usité — Nombreuses exceptions à cet usage général.

QUAND ce ne serait que pour procéder avec méthode et pour l'intelligence de tous les lecteurs, il faut définir exactement la chose dont on parle.

Le bail à ferme, ou le fermage, est un contrat par lequel le propriétaire donne son bien rural à exploiter pendant un temps déterminé, moyennant une rente annuelle en argent ou en denrées, quelquefois une partie en produits'et une partie en numéraire, mais le plus souvent en argent.

Le bail à métairie, ou à moitié-fruits, est un contrat du même genre, ayant le même but, avec trois différences : la première, que le temps pour lequel la convention est faite est souvent indéterminé ; la seconde, que la rente du propriétaire lui est payée en entier avec une partie des produits de la terre, qui est ordinairement de la moitié ; la troisième, que le contrat participe de la nature des sociétés, tandis que le fermage est une espèce de bail entièrement soumis aux règles du contrat de louage.

Jusqu'à présent le métayage a eu peu de partisans, et parmi les économistes qui ont comparé ce mode d'exploitation avec le fermage, les uns ont prononcé en quelque sorte l'anathème sur le métayage, d'autres ont considéré le fermage comme un mode plus parfait. La difficulté qui empêche qu'on ne s'entende, vient de ce que ceux qui ont condamné le métayage, ne connaissaient que très imparfaitement les pays où ce mode d'exploitation a des racines dans les mœurs, dans le climat, dans la subdivision de la propriété et surtout dans la nature des produits. Il est certainement des contrées où ce mode d'exploitation, fruit d'une vieille routine, est vicieux et doit succomber ; mais si le désaccord se continue, si la question n'a pas encore reçu de solution complète et définitive, c'est parce qu'on n'a pas su distinguer encore les pays où les métayers seraient avantageusement remplacés par des fermiers ayant des capitaux, et ceux où, comme dans une grande partie de l'Italie et du midi de la France, le métayage a des causes indestructibles, appropriées à la nature du sol, à ses produits, à la subdivision de la propriété et aux mœurs locales des habitants.

D'abord, quand on parle des parties de la France où le métayage est usité, on semble croire généralement que toutes les terres y sont exploitées de cette manière, tandis que dans ces contrées essentiellement agricoles, indépendamment des héritages en grand nombre qui sont cultivés par les propriétaires eux-mêmes, il y a une grande distinction à faire entre les terres à grains et à pâturages et les terres dont les produits sont la cause originaire de l'exploitation à moitié-fruits, ou la cause qui a perpétué ce mode d'exploitation, s'il a eu une autre cause. Les premières sont toujours exploitées par le fermage.

Une autre grande division est à faire entre la grande propriété, la moyenne et la petite. La petite propriété, ainsi que nous le verrons, dans les pays où le métayage a son siége, n'est susceptible que de ce mode d'exploitation, tandis que pour la grande propriété et la moyenne, quelle que soit la nature des produits, il y a de nombreuses exceptions à faire à l'usage général d'exploiter par des métayers.

On peut ranger dans ces exceptions :

1º Les terrains qui avoisinent l'enceinte des villes et qui sont employés à l'horticulture et au jardinage.

Ces terrains, d'une valeur considérable, s'étendent tous les jours, non seulement pour la culture des plantes potagères et des arbres à fruits, mais par des pépinières de fleurs et d'arbustes divers, auxquels s'est attaché un besoin de luxe qui ne laisse pas de prendre de l'extension. Le soin et la formation de ces pépinières, comme l'horticulture, sont un art particulier que ne possède pas ordinairement le propriétaire du terrain, dont les produits si divers, mis en vente chaque jour, repoussent encore toute association entre le bailleur et le preneur ;

2° Les terrains transformés en prairies, lorsque ces prairies subsistent isolément, sans être attachées à une autre exploitation rurale. Non seulement les engrais et le faible travail qu'exige une prairie, ne sont pas en proportion avec la moitié de son produit, mais encore les prairies isolées n'étant pas accompagnées des circonstances dont nous parlerons plus bas et qui donnent lieu au bail à métairie, elles se donnent toujours à ferme ;

3° Certains biens appartenant aux mineurs, aux interdits, aux absents, aux communes et aux établissements publics. Il serait difficile d'imposer au tuteur d'un mineur, d'un interdit, ou au curateur des biens d'un absent, l'obligation d'exploiter certaines propriétés par le bail à moitié-fruits. Ce mode d'exploitation exige, non seulement la présence du propriétaire, ou du moins une surveillance presque continue, mais encore des actes minutieux d'administration, tels que le choix et la livraison des semences, quelques achats d'engrais, le partage et la vente des récoltes, sans compter les plantations nouvelles ou à renouveler ; de manière que l'administrateur, sans être présent sur les lieux, lors même que sa demeure n'en serait pas éloignée, peut être légitimement empêché de vaquer à tout ce détail, ou, s'il en est éloigné, serait obligé de se faire représenter par un mandataire salarié. Il paraît donc raisonnable de laisser à un tel administrateur le choix d'exploiter par bail à ferme, ou par bail à métairie.

Quant aux communes, non seulement les droits de pâturage, les droits d'usage de diverse nature dans les bois qui leur appartiennent, ne sont guère susceptibles d'être utilisés par le partage du produit, mais encore le fermage de leurs biens de toute nature devant être concédé aux enchères publiques, le bail à moitié-fruits en est exclu presque nécessairement.

La comptabilité minutieuse et compliquée qu'exige l'exploitation par le bail partiaire, non seulement dans son exécution, mais pour la vente des récoltes, ne doit pas non plus convenir aux établissements publics, tels que les hospices, les communautés, ou associations diverses, dont l'administration, pour les biens qu'ils possèdent, approche d'autant plus de la perfection, qu'elle a pour base la plus grande simplicité.

On peut ranger dans la même catégorie :

4° Les terres appartenant à des personnes habituellement ou constamment absentes et demeurant loin de leurs propriétés, comme celles appartenant aux personnes riches qui possèdent de grands domaines dans des départements différents et à des distances très éloignées les uns des autres ;

5° Les terres appartenant à des femmes qui se trouvent isolées, telles que des veuves ou des célibataires, et qui, se voyant en possession de propriétés importantes, ou situées dans des localités différentes, ne peuvent ou ne veulent les administrer par un mode qui, exigeant des intermédiaires multipliés, complique la situation de leurs affaires et leur comptabilité domestique.

Il est d'autant plus naturel et plausible que le bail à ferme soit préféré dans plusieurs de ces circonstances qui viennent d'être énumérées, qu'il est quelquefois plus simple et moins coûteux d'avoir un surveillant auprès d'un fermier, qu'un intermédiaire administrateur auprès d'un métayer.

Maintenant, pour le reste des grandes et des moyennes propriétés pour lesquelles le bail à métairie ou le fermage seraient facultatifs ou plus librement facultatifs, si l'on veut connaître les causes pour lesquelles, dans une partie du midi de la France qui comprendrait surtout la Provence et le Languedoc, le métayage dispute à peu près les deux tiers des terres au fermage, il faut d'abord rechercher l'origine du colonage partiaire.

CHAPITRE II

—

———

Le colonage partiaire vient des Romains. Caton en fait mention dans son traité *de Re rusticâ*, cap. 156 et 157. Il est naturel que les Romains, nourrissant avec une partie des récoltes les esclaves, par lesquels ils commencèrent à cultiver leurs terres, donnassent aussi une partie des récoltes pour salaire aux hommes libres qui remplacèrent les esclaves sur une partie de leurs domaines. On sait que c'est la loi *Licinia* qui enjoignit aux propriétaires de n'employer pour la culture des

2

biens qu'ils tenaient de la République, *ager publicus* (1), que des hommes libres, qui n'étaient du reste que les plus pauvres citoyens de Rome. Mais, à mesure que les lois agraires tombaient en désuétude et que le nombre des esclaves s'accroissait, l'exploitation par des esclaves surveillés par des agents ou par le propriétaire, devait dominer et restreindre toujours plus l'usage des colons partiaires. Columelle, qui écrivait sous les premiers empereurs, ne parle plus du colonage partiaire, et, chose remarquable, il ne mentionne le fermage à prix d'argent que comme un pis-aller que l'on emploie pour les biens éloignés de la résidence du propriétaire et lorsqu'on ne peut se procurer de bons régisseurs. Il limite l'usage des fermiers à prix d'argent (*coloni liberi*) aux terres à grains, qu'il est toujours plus difficile de dégrader et seulement dans des lieux stériles et sous des climats rigoureux (2).

Il y avait une autre raison pour que les fermiers à prix d'argent ainsi que les colons partiaires fussent suspects aux Romains et leur répugnassent : c'est que dans un temps et dans un pays où les hommes avaient peu

(1) Par une erreur qui a été trop commune jusqu'à ces derniers temps, on avait cru que les lois agraires avaient pour objet de restreindre la fortune individuelle des citoyens, tandis qu'elles n'avaient pour but que d'ordonner une nouvelle répartition des biens de la république (*ager publicus*), dont l'usufruit était la source des richesses de l'aristocratie. (Voyez l'ouvrage de M Ch Giraud, membre de l'institut, sur *la Propriété chez les Romains*)

(2) Columelle, lib ı cap. 7.

de besoins et peu d'industrie, où ils vivaient de peu et où le nombre des possesseurs des terres était considérable, il ne pouvait guère y avoir que les affranchis et les citoyens les plus pauvres qui consentissent, à cultiver les terres d'autrui, sans offrir conséquemment, ni avances pour la culture, ni solvabilité pour payer la rente, ni une extrême bonne foi dans l'exécution du contrat, quel qu'il fût. Aussi, le colonage partiaire et le fermage ne doivent-ils être considérés que comme des exceptions chez les Romains, et l'exploitation directe sous l'autorité du maître ou de ses agents par les bras des esclaves fut-elle la règle générale.

Mais ce mode d'exploitation, à son tour, éprouva des entraves et des restrictions à mesure que les limites de l'empire romain s'étendaient et que les hommes qui vivaient dans son sein, ne pouvant plus être réduits en esclavage, le nombre des esclaves diminuait chaque jour. Il y avait lutte alors entre le fermage et le colonage partiaire, et le peu de solvabilité ou de bonne-foi qu'offraient ceux qui étaient réduits à exploiter les terres des autres, paraît bien être l'une des causes qui, dans cette phase de l'agriculture romaine, firent pencher pour le colonage partiaire et commencèrent à cette époque à lui donner de l'extension.

Voici ce que dit Pline dans une lettre à Paulin son ami :

« Je suis ici retenu, lui dit-il, par la nécessité de « trouver des fermiers. Il s'agit de mettre des terres en « valeur pour longtemps et de changer tout le plan de

« cette régie ; car, les cinq dernières années mes fer-
« miers sont demeurés fort en reste malgré les grandes
« remises que je leur ai faites. De là vient que la plupart
« négligent de payer des à-comptes dans le désespoir de
« se pouvoir entièrement acquitter. Ils arrachent même
« et consument tout ce qui est déjà sur la terre, persua-
« dés que ce ne serait pas pour eux qu'ils épargneraient.
« Il faut donc aller au-devant d'un désordre qui aug-
« mente tous les jours et y remédier. Le seul moyen de
« le faire, c'est de ne point affermer en argent, mais en
« parties de récolte à partager avec le fermier, et de
« préposer quelques-uns de mes gens pour avoir l'œil
« sur la culture de mes terres, pour exiger ma part des
« fruits et pour les garder. (1) »

. . . .

Les désordres et la pauvreté qui accompagnèrent la
décadence de l'empire romain, ne purent qu'aggraver
l'insolvabilité, la mauvaise foi et l'exploitation désas-
treuse des fermiers à prix d'argent, et pour ne pas tout
perdre on préféra partager les récoltes avec ceux qui
cultivaient la terre. Voilà comment le colonage partiaire
se répandit partout de proche en proche, et comment
les barbares, en envahissant le monde romain, durent
le trouver établi dans l'occident de l'Europe, si l'on en
juge par les traces qu'il a laissées. Même après l'in-
vasion des barbares et lorsqu'ils se furent emparés d'une

(1) Lib ix, epist. 57.

partie des terres, les peuples vaincus conservant une grande partie de leurs possessions, les mêmes causes qui, sous Trajan, avaient engagé Pline à donner la préférence à des colons partiaires, subsistant ou même s'aggravant toujours davantage, ce mode d'exploitation dut d'autant plus se généraliser que les esclaves diminuaient toujours avec la population entière depuis Charlemagne.

Aujourd'hui, le colonage partiaire, qui a pris le nom plus usité de métayage, parce que la règle générale du contrat est le partage égal de tous les produits entre le propriétaire et le colon, le colonage partiaire ou le métayage s'étend au nord jusqu'à la Franche-Comté, la Bourgogne, le Nivernais, le Berry, l'Anjou, le Poitou, et au Midi il va jusqu'à l'Aragon, la Catalogne, qui en conservent des vestiges, embrasse la Méditerranée tout autour de l'Italie et pénètre en Suisse jusqu'aux pays occupés par les peuples slaves. Mais il faut dire que la plupart de ces contrées n'y sont soumises qu'en partie et que, ainsi que nous l'avons déjà exposé, partout il y a de nombreuses exceptions.

Pour connaître les causes qui ont maintenu ce mode d'exploitation et qui doivent le perpétuer encore dans certaines contrées, il faut l'examiner dans les pays où il a des causes d'existence naturelles et à nos yeux indestructibles. En nous renfermant dans ces contrées nous aurons pour avantage de déterminer jusqu'à quel point il peut se maintenir ailleurs, avec ou sans mélange des stipulations propres au fermage.

M. le comte de Gasparin (1) a publié, en 1832, un mémoire (2) sur le métayage, dans lequel cet agronome renommé, quoique moins hostile au métayage que ses devanciers, ne nous paraît pas avoir été complètement heureux en comparant ce mode d'exploitation avec le fermage. Du moins il en a parlé plus longuement que les économistes en réputation, puisqu'il a traité le sujet d'une manière spéciale ; mais, tout en ayant fait des recherches historiques sur cette branche de l'agronomie, il n'a pas aperçu la cause véritable pour laquelle dans les pays soumis au métayage certaines propriétés sont exploitées par le fermage. Il n'a pas fait non plus une distinction essentielle, sur les bords de la Méditerranée et une certaine zone du midi de la France, entre la grande propriété et la petite. Il n'a pas remarqué la brièveté des baux à ferme dans les mêmes contrées, circonstance qui, donnant un caractère particulier au fermage, lui enlève son avantage théorique et pratique, qui, aux yeux des économistes, est de procurer l'amélioration des terres par le fermier lui-même. Enfin, M. de Gasparin a confondu toutes les parties de la France où le métayage est connu et en usage, croyant probablement que toutes ces contrées ressemblaient à celles

(1) Pair de France, ancien ministre de l'intérieur, membre de l'académie des sciences et de la société royale d'agriculture.
(2) Guide des propriétaires de biens soumis au métayage, Paris, 1844, nouvelle édition.

qu'il a dû observer plus particulièrement et où il possède ses propriétés, c'est-à-dire, les arrondissements d'Orange et de Valence, tandis, non seulement, que les usages qui règlent le contrat de métayage ne sont pas les mêmes en tous pays, mais que nous démontrerons que, s'il y a des causes qui maintiennent et qui perpétueront ce mode d'exploitation dans certaines contrées, il y en a qui pourraient le faire disparaître avec avantage dans d'autres.

Pour n'avoir pas fait ces distinctions et ces remarques, M. de Gasparin est tombé dans une incertitude, un vague et des contradictions qu'on ne peut s'empêcher de reprocher à son travail, car on ne sait souvent s'il donne la préférence au métayage ou au fermage, tant il plaide indistinctement le pour et le contre.

M. de Gasparin n'assigne pour cause au métayage que la pauvreté du colon, qui, vu l'incertitude des récoltes, ne serait pas toujours en état de payer la rente du propriétaire, ou ne la paierait pas exactement, et, à ses yeux, le fermage a pour causes principales la richesse locale et la certitude des récoltes.

Voici, du reste, la définition qu'il donne du métayage :

« C'est un contrat par lequel, quand le tenancier n'a
« pas un capital ou un crédit suffisant pour garantir le
« paiement de la rente et des avances du propriétaire,
« celui-ci prélève cette rente par parties proportionnelles
« sur la récolte de chaque année, de manière que la

« moyenne arithmétique de ces portions annuelles re-
« présente la valeur de la rente. (1) »

C'est en critiquant ces bases de son raisonnement que
nous arriverons à la découverte de la vérité.

Nous disons, nous, en opposition avec M. de Gasparin, que ce n'est ni la richesse locale, ni la certitude des
récoltes qui sont la cause du fermage, mais la nature
des produits, et que c'est aussi la nature des produits
qui est aussi la seule cause originaire du métayage, du
moins la principale cause déterminante qui a fait conserver ce mode exceptionnel d'exploitation; en sorte
qu'en l'examinant dans les pays où il a son siége fonda-
damental, en Toscane, par exemple, et en Provence, nous
n'admettons pas que le contrat de métayage n'ait lieu
que lorsque le *tenancier n'a pas un capital ou un crédit*
suffisant pour garantir le paiement de la rente et des
avances du propriétaire. Cette cause peut être une des
causes générales du métayage en tout pays; mais elle
n'est pas la seule, et non seulement elle n'est pas la
seule, mais, dans certains pays, comme la Toscane et
la Provence et autres parties similaires de l'Italie et du
midi de la France, trois causes non moins générales
peuvent être attribuées au métayage. Ces causes sont
le bon marché avec lequel le propriétaire exploite sa
terre en la fesant cultiver par des métayers; le besoin
de surveiller de près les produits variés et délicats de sa

(1) Pag. 17.

propriété, et enfin le désir de s'assurer plus complètement les avantages et les jouissances attachés à la propriété territoriale. De sorte que pour la Toscane, la
Provence et autres contrées similaires, nous définirions
plutôt le métayage, sous le rapport scientifique, en
suivant la forme irrégulière de M. de Gasparin :

« *Un contrat par lequel*, LORSQUE LE PROPRIÉTAIRE
« VEUT EXPLOITER SA TERRE A BON MARCHÉ, SURVEILLER
« DE PRÈS LES PRODUITS VARIÉS ET DÉLICATS QUI S'Y TROU-
« VENT ET SE MÉNAGER TOUTES LES JOUISSANCES DE LA
« PROPRIÉTÉ TERRITORIALE, SOIT QUE LE TENANCIER AIT
« OU N'AIT PAS *un capital ou un crédit suffisant pour*
« *garantir le paiement de la rente et des avances du*
« *propriétaire, celui-ci prélève cette rente par parties*
« *proportionnelles sur la récolte de chaque année, de*
« *manière que la moyenne de ces portions annuelles*
« EXCÈDE MÊME *la valeur de la rente* ORDINAIRE *des biens*
« *affermés.* »

Tous les mots en caractères *majuscules* marquent les
changements ou additions par lesquels notre définition
diffère de celle de M. de Gasparin. Avant de justifier la
nôtre, ou plutôt comme préliminaire des développe-
ments qui doivent la justifier, il convient d'éclaircir ce
qui concerne les causes du fermage.

Voici le passage où M. de Gasparin assigne d'une
manière précise les causes du fermage :

« Le métayage, dit-il, a existé en Angleterre et pro-
« bablement en Flandre, mais on s'explique facilement
« comment les propriétaires de ces pays et ceux de

« la Normandie et du Milanais ont préféré le fermage au
« métayage , puisqu'ils ont su se procurer, grâce à la
« richesse du pays et à la certitude des récoltes , des
« fermiers qui offraient des garanties. (1) »

La Normandie ne doit pas être citée plutôt que la Beauce
ou la Brie, ni le Milanais plutôt que la Flandre, ni aucun
pays où règne le fermage, puisque, d'ailleurs, dans les
contrées même de métayage, en Bourgogne, en Franche-
Comté, comme en Provence, tous les grands domaines
et en Provence même, presque sans exception, les terres
à grains et à pâturages ne sont exploitées que par des
fermiers. Ce n'est donc pas la richesse locale qui donne
lieu au fermage, puisque autrement il faudrait dire qu'en
Italie et en Provence les terres à blé sont plus précieuses
que celles où se pressent l'olivier, l'amandier, la vigne
et le figuier ; et, d'un autre côté, quand M. de Gasparin
parle de l'incertitude des récoltes, il la considère, ainsi
qu'on le voit dans la suite de son ouvrage , comme at-
tachée à certaines localités et à certains climats, et non
comme étant particulière à certains produits.

Pour plus d'éclaircissements prenons pour points de
comparaison le Milanais en Italie et la Camargue en
Provence. Pourquoi le Milanais et la Camargue sont-
ils exploités par le fermage au milieu d'un territoire où
règne et domine le métayage?

Est-ce à cause de la richesse du pays, qui fait qu'on

(1) Pag. 30.

trouve des fermiers solvables? Mais est-ce que la Toscane n'est pas aussi riche que la Lombardie, si l'on es-
time les richesses, non par les grands domaines qu'un
pays renferme, mais par la population qu'il fait vivre? Et
les parties favorisées de l'arrondissement d'Arles, qui portent l'olivier, la vigne, l'amandier, le mûrier, la garance,
le chardon à bonnetier, ne valent-elles pas les plaines à
froment de la Camargue? On a coutume d'appeler un riche pays des plaines fertiles parce qu'elles ne sont pas
entrecoupées de côteaux et de vallées. Mais le sol acci-
denté de la Toscane n'en est pas moins riche pour cela,
à cause de ses canaux d'arrosage et d'une température
plus favorable à des produits variés, délicats et plus
chers que ne peuvent l'être le riz, le froment ou les
fourrages de la Lombardie. Les sols montueux ont cet
avantage de compenser en étendue, par la surface élevée
de leurs côteaux, les parties moins fertiles qu'ils peuvent
présenter en certains endroits, et une égale étendue de
terrain cultivable en Toscane est sans doute aussi pré-
cieuse et aussi chère qu'elle peut l'être en Lombardie,
sur les rives mêmes du Pô. Seulement la population
rurale jouit peut-être de moins d'aisance en Toscane
que dans le Milanais, parce que la population est beaucoup plus nombreuse là où le sol est très divisé et se
cultive à bras que dans les plaines immenses que laboure
seule la charrue. Mais, par cela même que la population est plus dense en Toscane, on y trouverait des fermiers même présentant des garanties, si le fermage y
avait la faveur qu'il rencontre en Lombardie.

Quelles parties du sol y a-t-il de plus riches en France que les vignobles précieux du Bordelais, de la Bourgogne et de la Champagne? Est-ce cependant par le fermage qu'on fait exploiter ces dons précieux de la Providence? Non, pas même par le métayage. Arthur Young, si exact dans ses informations, dit qu'en France il n'y a pas la centième partie des vignes qui soit affermée. En effet, dans le midi de la France, en général, la vigne fait partie des fonds exploités par les métayers, qui cultivent sous les yeux des propriétaires, et dans les crus renommés du Bordelais, de la Bourgogne et de la Champagne, ce sont les propriétaires qui exploitent eux-mêmes ces mines fécondes de leurs richesses et les font cultiver par des hommes à la journée ou moyennant un salaire déterminé suivant l'étendue du vignoble. Y a-t-il cependant dans notre France quelques points fortunés où l'agriculture et l'esprit propriétaire, donnant la main au commerce, accumulent plus de richesses sur des espaces si étroits? Là les villages se pressent, la population abonde et à de courtes distances s'élèvent des fortunes colossales dont le prodige est tout à fait ignoré ailleurs. Voilà cependant des cantons dont le Milanais est aussi éloigné, pour la richesse, que par la distance géographique qui l'en sépare. Mais à côté des plaines à grains que le métayage ou le fermage y font valoir péniblement, se trouvent sur des côteaux privilégiés des produits qui déterminent un mode particulier d'exploitation qui n'est ni le fermage, ni le métayage. Rappelons-nous donc ce passage de Columelle, cité plus haut et par M. de Gasparin lui-même, (1) où cet agronome ancien ne connaît pour l'Italie que l'exploitation du maître lui-même par ses esclaves et regarde les fermiers à prix d'argent comme un pis-aller qu'on n'emploie que pour les biens éloignés de la résidence du propriétaire et lorsqu'on ne peut se procurer de bons régisseurs, en limitant l'usage de ces fermiers aux terres à grains que l'on ne peut pas dégrader facilement, et seulement dans des lieux stériles et sous des climats rigoureux. Il y avait donc en Italie des terres qu'on pouvait dégrader facilement et qui ne devaient être exploitées que sous l'autorité et l'œil du maître, ou sous l'inspection de régisseurs fidèles, et quelles pouvaient être ces terres, sinon celles qui portaient la vigne, l'olivier, l'amandier, le figuier, tous les arbres à fruits, toutes les plantes délicates venues de la Grèce et de l'Asie?

Citons maintenant un économiste de nos jours :

« Dans le nord, dit M. Hyppolite Passy (2), où ne
« viennent que des produits robustes, faciles à obtenir,
« la simplicité des soins qu'ils reçoivent, ne contraint
« pas les cultivateurs à confiner leurs labeurs sur de
« petits espaces. Il en est tout autrement dans le Midi.
« Là les produits sont infiniment plus multipliés, et

---

(1) Pag. 19.

(2) Pair de France, ancien ministre des finances, membre de l'institut, dans son mémoire intitulé. *Influence des formes et des dimensions des cultures sur l'économie sociale* (*Moniteur*, 1845, pag. 43, 58, 375 et 386.)

« parmi ceux qui sont réunis dans les mêmes champs,
« il s'en trouve toujours de trop précieux pour ne
« pas réclamer constamment l'œil et la main du maî-
« tre. Aussi la grandeur des cultures décroît-elle à
« mesure que ces sortes de produits prennent plus de
« place sur le sol. Les fermes de la Lombardie ont
« jusqu'à 20 hectares, c'est de trois à quatre au plus
« que se composent les métairies des environs de Sien-
« ne, de Lucques, de Bergame, et pareille contenance
« paraîtrait encore excessive aux paysans de la plaine
« de Valence. Suivant eux une *noria*, ou deux jour-
« naux de terre, c'est-à-dire, 124 ares suffisent à la
« tâche et à la fortune d'une famille (1). »

Le savant académicien, en mettant en opposition les
grandes *fermes* de la Lombardie avec les petites *métairies* des environs de Sienne, de Lucques et de Bergame, laisse suffisamment apercevoir les causes pour lesquelles il y a des fermes en Lombardie et des métairies
dans ces dernières parties de l'Italie. Les plaines de la
Lombardie ne sont que des rizières, de vastes prairies
et d'immenses champs de céréales; les environs de
Sienne, de Lucques et de Bergame abondent dans les
mêmes produits que la Toscane, c'est-à-dire, en oliviers,
vignes, mûriers, amandiers, figuiers, toutes sortes
d'arbres à fruit, en un mot, toutes les plantes potagères, tous les produits délicats qui se cultivent au-

(1) *Moniteur*, 1845, pag. 43, 58 et 373.

tour des centres de population. D'ailleurs, quand le
célèbre économiste dit que dans le nord ne viennent
que des produits robustes, faciles à obtenir, il n'exclut
pas les céréales, qui réussissent sous presque toutes
les latitudes, ni les prairies, qui croissent aussi bien
dans le midi quand l'eau se joint à la chaleur. On sait
enfin, quant à la Lombardie, que les Appennins, par
leur hauteur et leur sinuosité, procurent presque tous
les climats à l'Italie, et que les vallées du Pô ne sont
pas la partie la plus chaude de la Péninsule.

Si l'on veut maintenant savoir en quoi consistent les
plaines de la Camargue, voici ce qu'en dit la statistique du département des Bouches-du-Rhône:

« Rien de plus uniforme que l'agriculture de la Ca-
« margue: c'est du froment auquel succède une jachère
« morte, après laquelle vient encore du froment et
« ainsi de suite; 9500 hectolitres de froment sont en-
« semencés annuellement dans le territoire d'Arles;
« l'orge, l'avoine et le seigle vont à peine à 850 hecto-
« litres. On sème 1200 hectolitres de froment et 150
« hectolitres d'autres grains dans celui des Saintes-
« Maries.

« Un sol fortement empreint de sel marin et qui gé-
« néralement n'a pas été défoncé à plus de 12 à 15 cen-
« timètres, ne peut pas se prêter facilement à une cul-
« ture variée. On y obtient d'assez belles récoltes de
« froment lorsque le printemps favorise tant soit peu sa
« végétation, et la jachère morte fournit, de son côté,
« un pâturage des plus exquis, où domine le *margal*

« (*lolium perenne*) ou *ray-grass* des Anglais, qui est
« l'herbe par excellence pour les jeunes bêtes à laine.

  « Il est fort rare qu'une propriété en Camargue
« n'ait pas une étendue de pâturages naturels propor-
« tionnée à celle des terres arables (1). »

Ainsi des terres à froment et des pâturages, voilà en
quoi consistent les plaines arables de la Camargue, et
pour que les bords du Rhône aient plus de ressemblance avec la Lombardie, on y cultive maintenant le riz.

Concluons que si le Milanais et la Camargue sont
exploités par des fermiers, ainsi que les plaines de la
Beauce et de la Brie, c'est parce que les plaines à grains
et à pâturages n'exigent pas la surveillance du propriétaire ; parce que les vastes domaines se trouvent
ordinairement dans les plaines et appartiennent aux
riches, qui ne veulent ou ne peuvent pas prendre le
souci de l'exploitation de leurs terres ; parce qu'enfin
les pays de plaines cultivés en céréales se trouvent
ordinairement éloignés des centres de population,
tandis que les champs de plaisance, les habitations
champêtres et les cultures qui y sont analogues et qui
demandent l'œil du maître, ou sont destinées à ses
jouissances, sont rapprochés des villes et de tous les
lieux où la population abonde.

Par là disparaît encore l'obstacle qui empêche au premier abord de se rendre raison pourquoi, dans les dépar-

(1) *Statistique du département des Bouches-du-Rhône*, par M le
comte de Villeneuve, t. ıv, pag. 58.

tements des Bouches-du-Rhône et du Var, où cependant le métayage est aussi enraciné qu'en Italie, outre la Camargue, dont il vient d'être parlé, certaines parties de ces départements, plus froides que les autres, comme les bords de la Durance, ou le voisinage des hautes montagnes, à mesure que la vigne, le mûrier, l'olivier, l'amandier deviennent plus rares, ou finissent par disparaître, ne sont plus exploitées que par des fermiers, dont la rente est souvent payée, une partie en blé, une partie en argent (1).

(1) Dans l'arrondissement d'Aix on peut remarquer, surtout, dans cette exception, tous les domaines qui bordent la Durance et toutes les terres comprises entre le village et le domaine de St-Marc-de-Jaumegarde inclusivement, jusqu'aux environs de la ville de Rians, où l'on ne cultive presque que le blé.

CHAPITRE III.

—

Suite du précédent — Assertion vague et trop générale de M. le comte de Gasparin. — Ce qu'il faut entendre par améliorations sur les terres où se cultivent les produits méridionaux. — Distinction essentielle entre les pays où le propriétaire se confie à son métayer pour améliorer sa terre et ceux où l'usage veut qu'il y pourvoie lui-même. — Incertitude et presque indifférence des propriétaires en Provence et en Languedoc sur la préférence à accorder au fermage ou au métayage à cause de la brièveté des baux à ferme et des précautions de surveillance qu'exige la nature des produits — Durée des baux à ferme — Précautions de surveillance. — Ce qu'il faut penser de l'avantage attaché au fermage de procurer un revenu fixe — Caractère particulier du fermage appliqué à une certaine zone du midi de la France — Motifs qui déterminent les grands propriétaires dans leur choix du mode d'exploitation — Le métayage plus favorable à la jouissance complète des avantages attachés à la propriété territoriale. — Tableau de l'état et des mœurs agricoles de la Provence — Dans la banlieue des villes partage presque égal dans le nombre des grandes propriétés exploitées par l'un ou l'autre mode — Résumé général

Dans un mémoire sur *la culture des métairies dans le département de Vaucluse*, qui se trouve dans son *Guide des Propriétaires de biens soumis au métayage*, M. de Gasparin dit, page 135, que « la méthode des « metayers qui n'ont pas de capitaux, n'est bonne que

« là où l'on n'est pas assez avancé pour désirer des
« améliorations; et là où les améliorations sont faites,
« le système des métayers est essentiellement conser-
« vateur de ce qui existe, soit en bien, soit en mal. Si
« la Toscane, ajoute-t-il, nous présente des fermes
« prospérant sous ce régime, cette prospérité est le
« fruit de la dernière de ces positions; de grandes for-
« tunes ont permis jadis au propriétaire de faire de
« grandes améliorations; il ne s'agit plus aujourd'hui
« que de conserver; mais chez nous le système des
« métayers tient à ce que l'on ne désire pas encore les
« améliorations (1), et qu'on ne sait pas leur faire des
« sacrifices. Faute de cette distinction importante,
« combien de paroles vagues n'a-t-on pas dit sur la
« question qui nous occupe en passant? »

Il est fâcheux d'avoir à remarquer qu'il y a aussi
quelque chose de vague dans ces paroles en ce qu'elles
s'appliquent ou paraissent s'appliquer indistinctement
à toutes les parties de la France où le métayage est usité
et indistinctement aussi à la grande comme à la petite propriété et à tous les produits cultivés dans les
départements où le métayage a le plus de racines. Il
est évident qu'une partie de la Provence et tout le
littoral de la Méditerrannée où les produits de la Toscane se pressent sur le sol, comme la vigne, l'olivier,
l'amandier, le mûrier, doivent être assimilés à la Tos-

(1) Il écrivait cela en 1817.

cane et à toutes les parties semblables de l'Italie. Là,
en effet, il s'agit beaucoup plus, dans un certain sens,
de conserver que d'améliorer. Qu'est-ce, en effet, que
les améliorations agricoles dans les contrées méridionales que nous venons de nommer? Nous ne parlons
pas des améliorations que les progrès de l'agriculture
amènent d'eux-mêmes, comme de supprimer les jachères, de multiplier les pâturages, d'accroître le bétail,
chose naturelle qui se fait sans obstacle et sans entrave
parce qu'elle n'exige ni frais, ni avances, et que le
midi de la France pourrait même se flatter de n'avoir
par été insensible à l'encouragement que ces pratiques
sont faites pour donner aux agriculteurs. Mais hors de
ces progrès naturels qui se propagent partout, de proche en proche, tous les défrichements sont faits dans
la Provence et le Languedoc et depuis longtemps ; les
améliorations qu'on peut tenter de loin en loin sont,
après une mortalité des oliviers, de les remplacer, ou
d'en replanter dans des terrains abandonnés, ou négli-
gés, là où il en existait autrefois. L'entretien des terres
destinées aux produits méridionaux consiste à remplacer la vigne, quand elle a fait son temps, ou à en planter de nouvelles si les circonstances commerciales donnent au vin un écoulement facile; à faire succéder de
nouveaux amandiers à ceux qui périssent de vétusté,
ou à former quelques vergers nouveaux ; à remplacer
les mûriers ou à accroître les plantations qui existent
déjà. L'entretien de quelques parcelles de terre à grains
ou à légumes intercalées dans ces produits, ou for-

nant une bonne partie d'un domaine où tous ces produits se trouvent mêlés, ne doit pas être considéré
comme une amélioration. Mais, de bonne foi, ces travaux et ces dépenses d'entretien ou d'amélioration que
nous venons d'énumérer, sont-ils des améliorations que
l'on puisse faire par des fermiers? On dit que le fermage est le mode d'exploitation le plus propre à l'amélioration du sol : mais quel appât peut offrir à un fermier,
pour faire valoir ses capitaux, une plantation d'oliviers,
qui ne donneront une demi récolte que dans vingt
ans? Quel espoir aura-t-il dans une plantation d'amandiers, si longs à croître et si tardifs à donner une certaine quantité de fruits? Le mûrier, avant huit ou dix
ans, paye-t-il amplement la dépense qu'il a coûtée,
l'intérêt de cette avance, la rente du terrain qu'il occupe, le travail qu'il exige? Et si la vigne fait attendre
un peu moins longtemps son produit, est-ce la récolte
qu'il pourra faire dans huit ou dix ans, qui engagera un
fermier à faire des avances dans des localités où les
baux à ferme sont nécessairement de courte durée?
Aussi le propriétaire qui, en Italie et sur les côtes fran-
çaises de la Méditerranée, plante des oliviers, des
amandiers, de la vigne, des mûriers, plante-t-il souvent
beaucoup moins pour lui qu'en faveur du fonds et au
profit de ses enfants ou de ses petits-enfants, et s'il ne
le fait pas lui-même par des hommes à la journée, il le
fait par ses métayers, en déboursant lui-même toutes
les avances. Voilà pourquoi en Toscane, en Provence et
ailleurs, dans le bail à métairie, le propriétaire fait tou-

tes les améliorations; sans que le métayer y soit jamais
tenu, ou y participe volontairement en rien, que par
son travail. L'une des erreurs de M. de Gasparin, ou
l'une des causes du vague et de l'indécision de son ouvrage, c'est d'avoir cru ou supposé que partout, dans
les pays soumis au métayage, le métayer était obligé
ou dans l'usage de faire et de tenter des améliorations
avec ses propres capitaux, et naturellement il a trouvé
que les métayers y avaient peu de propension et que
lorsqu'ils fesaient des économies, ils préféraient les
placer dans l'achat d'une parcelle de terre. Cette distinction, cependant, était importante et forme une dé-
marcation essentielle entre les pays où le propriétaire
se confie à son métayer pour améliorer sa terre, et
ceux où l'usage veut que le propriétaire seul y pourvoie
et s'en occupe. Avec cette distinction, au contraire, le
mémoire de M. le comte de Gasparin se comprendra
plus facilement, et les critiques qu'il adresse au métayage seront fondées s'il les applique à des pays qui,
par leurs produits, n'auront que fort peu ou point de
ressemblance avec une partie du midi de la France et
une grande partie de l'Italie.

Ces préliminaires vont maintenant nous faire toucher
au doigt les difficultés qui saisissent beaucoup de propriétaires en Provence et en Languedoc lorsqu'il s'agit
de faire un choix sur le mode d'exploiter leurs terres,
par des fermiers ou des métayers. On sait que dans les
contrées où se cultivent les produits méridionaux, il y
a bien peu de grandes propriétés qui, aux terres réser-

vées aux céréales, ne joignent une certaine quantité de
vignes, d'oliviers, d'amandiers et de mûriers. Or, qui
peut livrer sans répugnance à la discrétion d'un fermier et pour de longues années un jeune et vigoureux
vignoble, qu'on peut épuiser par la manière de le tailler en le surchargeant de fruits ; des arbres aussi délicats que les oliviers, qu'on peut laisser dépérir par défaut de soins, qui en réclament tant et dont il faut savoir
émonder le jeunes bois périodiquement, ou retrancher
le gros bois suivant certaines règles en cas de mortalité ;
des amandiers, qui végètent dans un état sauvage si on
ne les émonde convenablement et à des périodes diverses, suivant la qualité des amandes ; enfin des mûriers, qu'il faut tailler d'une manière non moins régu-
lière et en temps opportun ? Qui ne sait que, dans un
espace de six, sept et neuf ans, il y a dans une propriété tant soit peu étendue de vieilles vignes à arracher,
de nouvelles à planter ; des oliviers accablés par les ans
et par des intempéries cruelles, dont les troncs sécu-
laires épuisent et embarrassent le terrain par des ra-
mifications parasites ; qu'une question peu facile est
de savoir s'il faut en délivrer le sol pour toujours, ou
s'abandonner à l'espoir incertain que donnent des reje-
tons souvent trompeurs ? Qui ignore qu'il y a dans
presque tous les domaines des sources d'eau à ménager,
des aqueducs à entretenir, des réservoirs à réparer ?
Qu'il y a quelquefois des coupes de bois à faire, à chaque
instant des arbres morts à arracher, des amandiers à
remplacer, de nouvelles plantations de mûriers à join-

dre à celles qui existent dejà, et de temps à autre de nouvelles prairies à former, ou d'anciennes à faire disparaître? Mais, s'il faut régler d'avance toutes ces opérations avec un fermier et qu'il faille ensuite en surveiller l'exécution, quelle si grande différence y aura-t-il entre donner son bien à ferme, ou le faire exploiter par des métayers, qui travaillent sous votre direction et qu'on peut renvoyer d'une année à l'autre?

On le voit, il y a là assez de causes de perplexité et d'incertitude pour un grand nombre de propriétaires. Il en résulte deux choses: la première, que les baux à ferme ne sont pas et ne peuvent pas être en Provence, ainsi que dans tout le midi de la France, d'une longue durée; la seconde, qu'il faut être réservé avant d'accuser les grands propriétaires de ces contrées d'ignorance et de routine pour exploiter souvent leurs terres par le bail à métairie, qu'on voudrait considérer comme suranné et devant tomber partout en désuétude.

La durée ordinaire des baux à ferme en Provence est de trois, quatre, six et quelquefois neuf années; mais dans ceux de six et neuf ans se trouve presque toujours la clause, qu'à l'expiration de la première et de la deuxième période triennale chaque partie sera libre d'en demander la résiliation; de manière que c'est comme si ces baux n'étaient faits que pour trois ans, sans compter que les baux de six, sept, huit et neuf ans ne s'appliquent qu'aux terres à céréales ou dont les produits ne sont pas susceptibles de dépérir entre les mains d'un fermier.

Outre la condition résolutoire dont il vient d'être parlé et qui peut être exercée tous les trois ans , on comprend que le propriétaire mette encore certaines restrictions à la liberté du fermier et que ses droits comme le mode de culture soient réglés d'une manière détaillée suivant la nature de la propriété amodiée. Du moins, si tout n'est pas réglé d'une manière détaillée, on s'en réfère par une clause expresse aux usages des lieux, qui sont naturellement en faveur du propriétaire parce qu'ils sont en faveur de la propriété. Il est rare aussi que le propriétaire n'attache pas à son domaine un représentant chargé de surveiller le fermier, et qu'il ne choisisse dans son jardinier ou son garde-chasse un homme capable, autant que possible, d'exercer cette surveillance. Par là sont évités ou considérablement amoindris les inconvénients généraux qu'on attache au bail à ferme en lui-même dans tous les pays , et les inconvénients particuliers qu'il a nécessairement dans le Midi à cause des produits divers et délicats de son agriculture. On sait qu'en général on reproche aux fermiers de négliger les terres ingrates et d'épuiser les plus fertiles, surtout, dans les dernières années de leurs baux, et les fermiers des contrées méridionales, appliquant ce procédé à tous leurs produits, parmi lesquels il leur serait facile de faire un choix, pourraient, non-seulement épuiser la vigne, les terres à blé les plus fécondes, mais négliger les terres les moins fertiles et tous les produits qui ne leur paraîtraient pas récompenser suffisamment leur travail ou leurs avances. On a donc pourvu à ces inconvénients par la brièveté des baux, par les conditions qui les accompagnent et par les précautions que prend le propriétaire pour surveiller l'exploitation et les travaux du fermier.

Mais, si l'on prend tout cela en considération et que l'on envisage, d'un autre côté, que lorsque les grands propriétaires exploitent par des métayers, c'est parce qu'ils habitent une partie de l'année leur domaine, ou qu'ils n'en demeurent pas éloignés, ou qu'ils le visitent fréquemment, ou qu'ils se font représenter auprès du colon par un homme de confiance, on verra qu'au fond il n'y a pas une grande différence entre le bail à ferme à courte durée et le bail à moitié-fruits ; enfin que ces deux modes d'exploitation se rapprochent beaucoup du système usité chez les Romains, c'est-à-dire, de la culture du propriétaire lui-même, ou par des régisseurs, le seul proclamé bon et praticable par Pline et Columelle.

Si l'on réfléchit, ensuite, que la classe des métayers est une classe d'agriculteurs qui travaillent sous la direction du maître, dont elle est essentiellement dépendante, on comprendra mieux encore que les motifs qui engagent certains propriétaires à donner leurs terres à ferme et d'autres à les donner à métairie, se résolvent le plus souvent en des raisons de convenances, de situation ou d'habitude, généralement plausibles ou même dignes d'approbation, sans qu'on puisse reprocher à ces propriétaires de méconnaître leurs intérêts et ceux de l'agriculture.

Il est des personnes qui attachent au bail à ferme, comme avantage pour le propriétaire, de recevoir chaque année une rente fixe, au lieu de courir l'incertitude de l'avoir en nature, tantôt plus forte et tantôt moindre. Ces personnes supposent que tous les fermiers sont exacts dans l'accomplissement de leurs obligations envers le propriétaire. Mais, outre les inconvénients de plus d'un genre, qui résultent du fermage, l'expérience prouve que bien peu de fermiers se piquent de ponctualité, soit pour l'époque de leurs paiements, soit pour la quotité de leur dette, quand toutes les précautions n'ont pas été prises. Cette fixité de revenu peut être un avantage, si l'on veut ; mais lors même qu'on serait certain d'en jouir sans trouble et constamment, et qu'elle ne serait pas contrebalancée par d'autres inconvénients, elle n'est que la suite d'un mode d'exploitation qui a d'autres causes déterminantes. Nous ne pensons pas, en effet, que cette raison d'administration et de régime domestiques touche beaucoup de propriétaires riches (et c'est de ceux-là que nous parlons), lesquels possèdent ordinairement plus d'une propriété rurale et qui ont souvent d'autres sources de revenus. Ce qui est plus vrai, c'est qu'il faut dire, en forme de conclusion, que le fermage appliqué à une certaine zone du midi de la France est privé des avantages, en partie imaginaires, qui le font tant préconiser par les économistes au détriment du métayage, et que les motifs les plus ordinaires qui engagent les propriétaires à donner leurs biens à ferme, peuvent se résumer en ceux-ci :

1° L'absence du propriétaire ou un certain éloignement de sa propriété du lieu de sa résidence ; 2° la simplicité des produits d'une terre : n'y récolte-t-on que du blé, ou, avec du blé, une quantité de vin plus ou moins grande? On la donne à ferme ; 3° le peu de goût qu'a le propriétaire pour l'agriculture et l'éloignement qu'il éprouve pour les soins que donne l'industrie agricole ; 4° l'âge et le sexe du propriétaire : est-ce un mineur? Le tuteur afferme plutôt une grande propriété qu'il ne la donne à métairie. Est-ce un majeur, mais fort jeune et ne s'étant jamais occupé d'agriculture? Il confie sa terre à un fermier. Est-ce une femme isolée, veuve ou célibataire, qui ne veut pas multiplier ses agents d'affaires et compliquer sa comptabilité domestique? Elle afferme ses propriétés ; 5° enfin le nombre plus ou moins grand de domaines très éloignés les uns des autres que possède le propriétaire : il en donne quelques-uns à ferme, d'autres à métairie.

Les causes qui font que le bail à moitié-fruits dispute au bail à ferme les grandes propriétés du midi de la France, sont les suivantes :

1° La variété et la délicatesse des produits du sol : nous avons suffisamment expliqué cette cause ; 2° la présence du propriétaire sur les lieux ; 3° son goût pour l'agriculture et le soin zélé qu'il apporte à ses affaires domestiques ; 4° les jouissances attachées à la propriété territoriale ; 5° l'avantage de n'être pas dans le cas de renvoyer le fermier qui ne paye pas exactement sa rente, ou de l'exproprier s'il offre des garanties.

Mais, comme nous l'avons dit ou fait pressentir dans notre définition du métayage, les jouissances attachées à la possession territoriale entrent pour beaucoup dans les causes qui font prévaloir le bail à métairie sur les avantages réels ou prétendus du bail à ferme. Le terrain est, en général, trop précieux dans le Midi, surtout dans la Provence, et les propriétés n'y sont pas assez étendues, pour qu'on y trouve, comme dans le Nord et dans les propriétés de luxe, ces parcs spacieux, ces larges allées, ces jardins anglais, ces bosquets, qui ne sont réservés qu'au plaisir du propriétaire, de manière que les terres arables sont tellement réléguées au loin, qu'on dirait qu'elles forment une propriété distincte. Là le fermier n'a rien de commun avec le maître, et le domaine de l'un et celui de l'autre sont entièrement séparés. Il n'en est pas de même en Provence, où les grandes propriétés sont rares et où celles qu'il faut appeler grandes pour en compter un certain nombre de ce nom, ne le sont pas assez pour qu'elles soient divisées en quelque sorte en deux portions : l'une d'utilité, l'autre d'agrément ; l'une pour le fermier et l'autre pour le propriétaire. En compensation, l'avantage de notre sol est que la propriété y est entière d'utilité et d'agrément tout à la fois. La variété des produits y est telle que, non seulement les plantes potagères, les légumes, les céréales, tous les grains, tous les fruits connus dans le reste de la France y prospèrent, mais que des produits tout à fait indigènes, tels que l'amandier, l'olivier, le figuier, le mûrier enrichissent les champs en s'entremêlant partout à la vigne et aux céréales. La vigne, surtout, semble y pousser comme sur un sol natal et si quelque chose égale l'abondance de ses fruits, c'est le peu de travail qu'elle exige et la beauté verdoyante de son feuillage. Rien ne paraît plus pittoresque au voyageur étonné que ces vignobles d'une stature inconnue au reste de la France, symétriquement disposés par bandes, alternant avec une bande plus large destinée aux céréales, où la vigne s'entrelaçant par intervalles avec l'amandier, le figuier ou le pêcher, entretient par son vert feuillage la fraîcheur de la vallée, entre deux côteaux où l'amandier, l'olivier et le figuier se mêlent encore à un autre vignoble d'une nature plus exquise, rangé par gradins jusqu'au sommet de la pyramide couronnée par un bois de pins qui se confondent dans l'azur infini du ciel.

Ces sites, ces vallées ne sont pas rares, même dans les propriétés à grande et à moyenne culture. Ce qui donne, surtout, de la réputation à la Provence, c'est la douceur des hivers et la chaleur de nos printemps: elles nous procurent, non seulement les primeurs les plus délicates, mais, en nous fesant parcourir la série des saisons sans éprouver les rigueurs du triste hiver, elles nous ménagent parfois des jouissances inconnues même aux habitants, nos voisins, des contrées les plus méridionales de la France. Nous voulons parler de ces miracles de la température qui, par une végétation presque surnaturelle, nous montre au mois de janvier l'amandier en fleurs blanchissant les campagnes, au milieu

des sites les plus variés et des accidents les plus pittoresques. Que le propriétaire de terres en Provence, que
l'amateur des champs trouve alors du plaisir à visiter
ses vergers fleuris, quand l'odeur suave de la fleur de
l'amandier et du pêcher, parfumant les airs, se marie
aux rayons bienfaisants d'un soleil printanier, on avouera
que sa promenade et sa jouissance valent bien le plaisir
des patineurs sur les glaces du Nord, ou la vue de la
neige silencieuse couvrant tristement les plaines sous
les climats brumeux de la France.

La campagne en toute saison a des attraits dans ce
pays; les fruits qu'elle donne se succèdent sans interruption jusqu'à l'automne où leur surabondance égale
leur douceur et leur parfum. Tout, à cette époque, contribue à l'empressement des Provençaux pour jouir des
dons de la nature et se procurer les délassements champêtres. Mais une terre que féconde aussi heureusement
un climat si beau, devait être ménagée et ce n'est pas
toujours le platane, ni le peuplier ou l'ormeau stériles
qui forment l'avenue de nos modestes châteaux : on y
arrive le plus souvent par une double rangée d'amandiers, de mûriers, d'oliviers ou de noyers. Partout ainsi
l'utile et même le nécessaire se trouve mêlé à l'agréable, et le propriétaire n'a pas besoin d'enlever à la culture un grand espace de terrain pour ses jouissances
personnelles et l'agrément de sa propriété : il trouve
son fruitier répandu au milieu de sa vigne et le parcours
de son domaine lui offre une promenade plus variée et
plus agréable que ne peut la lui procurer le jardin an-

glais le mieux étudié, ou le parc uniforme de la plus grande étendue. On comprend que dans un pays où la chaleur du climat fait de l'ombrage un besoin et de la liberté des champs le plaisir le plus vif et le délassement le plus agréable, l'homme riche ou aisé qui passe la belle saison dans sa propriété ou qui la visite fréquemment, n'aime pas à y rencontrer un *fermier* ayant bail passé par-devant notaire, qui lui dispute sa souveraineté et restreigne en rien sa liberté et la jouissance de son domaine. Voilà pourquoi même les grands propriétaires prennent souvent des métayers, qui ne sont en quelque sorte que des ouvriers agriculteurs, travaillant sous leur direction, ayant pour salaire une moitié ou une autre part des récoltes, mais ne cultivant qu'à titre précaire et recevant de bons traitements du maître en proportion des petits services domestiques qu'eux ou leurs familles lui rendent. Si on y regarde de près, le bail à métairie, conforme en tout cela à l'esprit d'indépendance et à l'amour des champs, plus naturels peut-être aux populations méridionales, a ses racines dans les mœurs et on ne le bannira pas de ces contrées aussi facilement qu'on le pense.

Une forte preuve à nos yeux, si on nous pardonne cette digression, que le bail à moitié-fruits est enraciné dans les habitudes et que son usage ancien et général repose sur de plausibles motifs, c'est le grand nombre de propriétés importantes qui sont exploitées de cette manière dans une certaine banlieue des villes méridionales, depuis l'est de la France jusqu'aux points où

l'Anjou, le Maine et la Bretagne confinent à la Normandie. L'investigation que nous avons faite nous-même
autour de la ville d'Aix, nous a montré la plus grande
diversité et un partage presque égal entre les grandes
propriétés exploitées par le bail à métairie et celles qui
le sont par le fermage. Nous avons même trouvé que,
sur plus d'un domaine divisé en plusieurs exploitations,
l'une ayant des fermiers et les autres des métayers. Quelque fois le fermier d'un domaine en sous-loue les diverses exploitations, non à des fermiers, mais à des
métayers (1).

(1) Voici en détail ce que nous avons trouvé dans les environs de
la ville d'Aix :

La Piolme, divisée en trois exploitations, naguère affermée à un
entrepreneur agricole qui sous-louait à des métayers, est aujourd'hui
exploitée par trois métayers pour le compte direct des propriétaires.—
Le Tholonet, divisé aussi en trois exploitations, est concédé à trois métayers; le domaine de St-Marc-de-Jaumegarde, ayant également trois
exploitations, à deux fermiers et un métayer. La troisième exploitation, confiée aujourd'hui à un métayer, était autrefois à ferme — Le
domaine de St-Antonin est divisé en six ou sept exploitations, toutes
étaient à ferme : aujourd'hui les unes sont à ferme, la plus grande partie à métairie. — Le domaine de l'Enfant près d'Albertas est à métairie, au contraire les terres du marquis d'A ... sont à ferme. — Les
terres et tous les produits de Valabre sont concédés à un grand nombre
de fermiers grands et petits — Les terres de Galice, exploitées jusqu'à
présent par des métayers, le sont aujourd'hui par des fermiers. —
Egalement les terres du château de Vauvenargues exploitées par des
métayers, tant que le propriétaire était présent, le sont en ce moment
par des fermiers depuis l'absence du propriétaire — Dans le terroir
des Milles, une propriété appartenant à M. d'O .. a toujours été affermée, en face le domaine de la Valette, appartenant au marquis d'O...,
a un métayer. — Plus bas, à St-Pons, deux propriétés contiguës, l'une

4

Nous pouvons maintenant nous résumer, car nous pensons approcher de la justification de notre définition du métayage, en opposition avec celle de M. le comte de Gasparin. Nous avons dit que le contrat avait lieu entre le propriétaire et le tenancier, *soit que celui-ci eût ou n'eût pas un capital ou un crédit suffisant pour garantir le paiement de la rente et des avances du propriétaire.* C'est en cela surtout que nous différons de M. de Gasparin, qui ne donne au métayage pour cause et pour fondement que la pauvreté du métayer; en sorte qu'à ses yeux cette pauvreté étant une cause presque nécessaire du contrat, le métayage n'est plus qu'un mode inférieur et très imparfait d'exploitation, qui est bien, il est vrai, au-dessus de l'exploitation par des esclaves, mais qui est inférieur au fermage. Certainement, si on ne devait considérer et apprécier un mode d'exploitatation que par rapport à la condition du colon, on pourrait voir une infériorité à l'égard du métayer vis-à-vis du fermier, qui est plus indépendant. Mais les modes divers de culture doivent être envisagés aussi relativement à la convenance et aux intérêts du propriétaire et en vue également de l'intérêt et des progrès de l'agri-

de M. C , l'autre de M. de St-P.., sont exploitées par des métayers.

Il est certain que ces propriétés étant prises au hasard, si l'on poussait l'investigation plus loin et de tous côtés dans l'arrondissement d'Aix et dans celui de Marseille, on verrait la même diversité et un partage presque égal entre les propriétés exploitées par l'un ou l'autre mode. (Les bords de la Durance et la Camargue forment exception dans le département des Bouches-du-Rhône.)

culture. Or, en maintenant toujours la distinction que nous avons faite entre ce qu'on peut appeler, dans une partie du midi de la France, la grande propriété et la petite, le métayage ne doit pas être considéré comme une routine aveuglément suivie par les grands propriétaires. Ce mode de culture est entièrement libre et du choix de ceux qui l'adoptent. Quand les grands propriétaires méridionaux veulent des fermiers et des fermiers offrant des garanties, ils en trouvent et au-delà de leurs besoins. La moitié seulement des grandes propriétés étant exploitées par des fermiers, les fermes sont très recherchées ; il y a une grande concurrence entre les agriculteurs solvables qui se présentent, et ce n'est pas la pauvreté générale du pays, ni encore moins celle des laboureurs qui contraignent les propriétaires à prendre des métayers quand ils préfèrent cette classe de tenanciers. Leur motif, comme nous l'avons dit dans notre définition, est le bon marché avec lequel ils exploitent de cette manière, ce bon marché compensant les peines, le temps et la surveillance inséparables de l'association que forme le contrat du métayage. Leur second motif est de pouvoir surveiller de près les produits variés et délicats de nos contrées, en prévenant une exploitation funeste, ou une source de procès et de difficultés, si cette exploitation était confiée pour un certain nombre d'années à un fermier indépendant. Enfin, le troisième motif est de jouir sans entrave et d'une manière plus complète de tous les plaisirs et de tous les avantages attachés à la propriété territoriale. Nous pou-

vons ajouter un quatrième motif, qui ne pouvait pas
entrer dans notre définition et qui est que dans la plupart des cas le contrat de fermage ne dispenserait pas
les grands propriétaires d'une surveillance presque égale
à celle qu'ils sont obligés d'exercer auprès d'un métayer, surveillance qui est même beaucoup plus inquiète
et plus soucieuse auprès d'un fermier, qui a des droits
certains, fondés sur un contrat qui le rend indépendant.

Quant à la petite propriété, nous verrons plus bas, en
ce qui la concerne, que la pauvreté des métayers n'est
pas la seule cause du mode d'exploitation qui les emploie;
que cette cause concourt avec une autre cause principale et dominante, qui est la convenance et l'intérêt des
petits propriétaires, lesquels trouvent dans le partage
des produits des contrées méridionales, qui sont tous
des denrées propres à la consommation , des moyens
principaux ou supplétifs de subsistance qui les dispen-
sent de recourir au marchand et qui, en leur procurant
l'économie du profit du marchand, leur ménage, dans
l'exploitation à métayer, toutes les jouissances de la
propriété territoriale , l'indépendance réelle ou appa-
rente qui s'y attache, le but enfin de l'ambition locale,
qui est, en travaillant, de pouvoir se reposer le dimanche
dans son ténement rural, ou, après avoir travaillé, d'en
faire l'objet de ses délices.

Ces démarcations profondes entre certaines parties
méridionales de la France et la plupart des anciennes
provinces où le métayage subsiste encore , expliquent
le peu de faveur avec lequel les économistes ont parlé

de ce mode d'exploitation, parce qu'ils ne l'ont considéré que dans les pays où les produits du sol et les mœurs des habitants n'étant pas les mêmes, le métayage ne peut avoir ni les mêmes causes d'existence, ni même, dirons-nous, les mêmes causes de prospérité que dans nos contrées presque italiennes. Par là, aussi, nous comprendrons mieux pourquoi le colonage partiaire, qui paraît avoir régné autrefois sur une plus grande étendue de pays, a fini par se restreindre, en ce qui concerne la France, aux provinces que nous avons désignées plus haut.

CHAPITRE IV

—

Causes qui ont restreint le métayage à certaines contrées

———

Le métayage, importé dans l'Europe occidentale par les Romains, a dû insensiblement se restreindre aux pays où le climat, la nature des produits et les mœurs agricoles des habitants devaient le naturaliser, quoique aujourd'hui il conserve encore des traces là où les progrès du temps et de la richesse le remplaceront certainement tôt ou tard par le fermage, soit absolu, soit mitigé.

M. de Gasparin cherche péniblement et par des causes éloignées à expliquer comment le métayage s'est conservé en Italie et en France; mais il ne dit pas pourquoi son usage s'est borné, par exemple, à la moitié de la France comprenant le midi, l'est et une partie de l'ouest, tandis qu'il est tout-à-fait inconnu dans l'autre moitié. Dans l'embarras qu'il éprouve il se contente d'expliquer comment les peuples du nord, les Teutons et les Slaves ont préféré l'exploitation par corvées au métayage. « Le métayage, ajoute-t-il, a existé en An-

« gleterre et probablement en Flandre, mais on s'ex-
« plique facilement comment les propriétaires de ces
« pays et ceux de la Normandie et du Milanais, ont
« préféré le fermage au métayage, puisqu'ils ont su se
« procurer, grâce à la richesse du pays et à la certitude
« des récoltes, des fermiers qui offraient des garan-
« ties (1). »

Les Romains ayant occupé longtemps l'Angleterre,
il n'est pas surprenant qu'ils y eussent transporté avec
les usages de Rome le colonage partiaire. Mais, par la
suite des temps, ni le climat, ni la nature des produits,
ni les mœurs agricoles des habitants, qui s'adonnèrent
bientôt au commerce et à l'industrie, ne pouvant retenir en Angleterre un mode d'exploitation incompatible, surtout dans de telles circonstances, avec les
grandes fermes et les vastes exploitations introduites
par la féodalité et la conquête, la culture à moitié-
fruits dut insensiblement y disparaître, et Arthur Young
parle des dernières traces du métayage comme s'éffa-
çant tout-à-fait de son temps (2), en Irlande, la seule
des îles Britanniques où il fût demeuré aussi longtemps.

Il en faut dire autant de la Flandre, de la Normandie et de tout le nord de la France, où le métayage
n'avait pas plus de racines qu'en Angleterre, et nous
avons expliqué pourquoi le Milanais, en Italie, en Provence, la Camargue et toutes les terres à grains et à

(1) Pag. 30 et 31
(2) A la fin du siècle dernier

pâturages, dans quelque lieu que ce soit, sont naturellement exploitées par le fermage.

La Suisse méridionale et orientale, pays essentiellement agricole, avait tout ce qu'il fallait aussi, de même que l'Italie et le midi de la France, pour retenir et adopter le métayage sur une partie de ses terres et de ses côteaux. Il n'est pas jusqu'à l'Espagne, où les traces que le métayage y a conservées, seulement dans les provinces du nord, ne viennent confirmer les raisons qui légitiment sa présence et ses succès en Italie, en Suisse, dans le Tyrol et en France.

De ce que l'Espagne est sous une latitude qui ne diffère guère de celle du midi de la France et de l'Italie, il ne s'ensuit pas que ses procédés en agriculture soient plus parfaits parce que le fermage y domine généralement. Le métayage eût-il été connu autrefois dans les provinces centrales et méridionales, il y avait des raisons suffisantes pour qu'il en eût disparu insensiblement. Non seulement les produits de l'Espagne ne sont pas les mêmes que ceux de la Toscane et du midi de la France, ou, du moins, quelques-uns de ses produits identiques ne s'y réunissent pas en quantité et en variété sur des espaces aussi étroits que dans la péninsule italienne et en France, mais encore tout diffère dans l'intérieur de l'Espagne, d'une province à l'autre: le climat comme les produits de l'agriculture, le sol comme le caractère des habitants. Les plateaux immenses et stériles, les vallées qui ne fournissent que des pâturages, les plaines sans haute végétation, qui ne

produisent que des grains, donnent en général aux propriétés des proportions d'une étendue incompatible
avec les circonstances qui, ailleurs, donnent lieu au
métayage, comme la délicatesse des produits et les
mœurs agricoles des habitants, qui n'existent que là où
la propriété est très divisée. D'ailleurs la plus grande partie du sol se trouvant de longue date entre les mains des
grands et celles de l'église, les uns retenus à la Cour,
au siége du gouvernement et dans les villes, les gens
d'église manquant à leur dignité s'ils formaient des associations avec des agriculteurs et s'ils fesaient transporter leurs récoltes sur les marchés, ces circonstances
excluent seules le métayage, qui veut la présence du
maître, sa surveillance et sa coopération. Si donc le
métayage n'est connu, en Espagne, que dans les provinces du nord, c'est parce que les petites propriétés y
sont très multipliées et que cette circonstance assimile,
sous certains rapports, le Guipuscoa, les Asturies, la
Galice, le royaume de Valence et la Catalogne à l'Italie
et au midi de la France. Ne parlons pas d'ailleurs de l'é-
tat de l'agriculture, en Espagne, dans les provinces où
le fermage domine exclusivement, car s'il fallait juger
de la supériorité de ce mode d'exploitation par les effets
qu'il y produit, sa condamnation serait prononcée en
dernier ressort (1).

(1) Voyez plutôt M. de Gasparin, pag. 31 et suiv

—

Système mixte proposé par M le comte de Gasparin — Objections et observations des économistes sur le métayage — De M le comte Rossi — De M. le comte de Gasparin — De J.-B Say — De M de Sismondi. — Réponse à ces objections et observations — Discussion à l'académie des sciences morales et politiques — Dernière démonstration que le métayage est plus lucratif et plus avantageux aux propriétaires qui s'occupent de l'exploitation de leurs terres

CE que nous avons dit jusqu'ici doit maintenant faire considérer comme sans application à une partie du midi de la France tout le mémoire de M. le comte de Gasparin sur le métayage. Il est évident que ce savant agronome a écrit en vue des départements limitrophes, ou voisins de la Provence, où sont ses propriétés et où il a vécu longtemps, tels que Vaucluse, la Drôme, l'Isère, l'Ardèche, les Alpes. Cette observation explique le caractère contradictoire et d'indécision qui est dans son ouvrage et qui vient de ce que, dans ces départements, plus froids que la Provence méridionale, ne se trouvent qu'en partie les produits des côtes de la Méditerranée

et en moins grande quantité ceux de ces produits qui
s'y rencontrent. On comprend alors comment, tout en
disant qu'il exploite une partie de ses propriétés par le
métayage et qu'il s'en trouve bien, M. de Gasparin ne
considère cependant ce mode d'exploitation que comme
imparfait et inférieur au fermage. Aussi, tantôt le propriétaire vauclusien fait le plus grand éloge du métayage,
en le regardant comme nécessaire dans certaines contrées qu'il ne désigne pas, ou qu'il n'indique que par
quelques circonstances de climat ou atmosphériques ;
tantôt il excite, sans rien préciser davantage, les métayers nonchalants à sortir de leur état d'infériorité pour
s'élever au rang de fermiers ; enfin, dans l'impuissance
de donner aucune règle générale et sûre, il provoque
aussi les propriétaires à adopter le fermage, au moins
pour une partie des produits de leurs terres, quand ils
ne le peuvent pas pour la totalité. Ainsi, il voudrait que,
pour ménager la transition du métayage au fermage, on
traitât à prix d'argent avec les colons partiaires pour la
rente du bétail, pour les prairies naturelles ou artificielles, pour les vers-à-soie, pour les cultures industri-
elles ou jardinières, arrivant ainsi successivement jusqu'aux céréales (1).

Nous ne nous expliquerons que brièvement sur cette
tentative, si on voulait en faire une application générale
et absolue dans tous les départements méridionaux.

(1) Pag 87 et 92

D'abord, dans tous ces départements, sans exception, le métayer fait une rente en argent pour le bétail, et cela se conçoit, car le partage du lait, des agneaux, de la laine, étant difficile, minutieux, exigeant une grande confiance dans le métayer, à qui il faudrait tout confier, une rente fixe en argent était indispensable. Mais toutes les fois que le propriétaire fait de l'exploitation à moitié-fruits une spéculation intéressée et, pour ainsi dire, sa profession, qui est souvent la seule, il ne voudrait pas d'un tel arrangement s'il s'étendait à d'autres produits: car, ou ses profits seraient diminués, ou ses garanties le seraient aussi, et souvent l'un et l'autre ensemble toutes les fois qu'il n'aurait pas un métayer solvable, outre qu'il ne serait pas dispensé de la surveillance nécessaire, et de toutes les peines que donne le métayage, pour une partie des produits de sa propriété.

Ici revient donc toujours la distinction entre les pays où le propriétaire a tout le souci de son héritage et fait toutes les améliorations, et les pays où le métayage n'est en quelque sorte qu'une vieille coutume et dans lesquels les propriétaires, ne vivant pas sur leurs terres ou près de leurs terres, laissent à un métayer les soins et la charge qui ne devraient être imposés qu'à un fermier ayant quelques avances et à son intérêt le plus vif. Que pour ménager le passage d'un régime à l'autre, on emploie le procédé proposé par M. de Gasparin, nous le concevons; mais tout son ouvrage ne roulant que sur cette équivoque et sur le défaut d'une distinction aussi essentielle, nous ne pouvons le suivre, chapitre par

chapitre, et nous renvoyons à son mémoire les propriétaires dont la position et les convenances pourraient y
trouver d'utiles enseignements.

Abordons maintenant les économistes en renom.

M. Rossi (1), dans son *Cours d'économie politique*,
où il cite le mémoire de M. de Gasparin, seulement pour
y renvoyer, sans l'apprécier en détail, résume ainsi les
objections qu'il adresse au métayage (2):

Après avoir développé avec étendue cette idée, que
l'esprit d'association est de nos jours l'élément principal
de progrès, il ajoute:

« La culture à métayer qui existe dans une si grande
« étendue de pays, et en France, et en Italie, et en
« Suisse, et ailleurs, n'est qu'une des formes si variées
« de l'association agricole. Sans doute, c'est là une
« forme vicieuse. D'un côté, leur part proportionnelle
« du produit restant toujours la même, le métayer n'est
« pas suffisamment intéressé à redoubler d'efforts et
« d'activité, ni le propriétaire capitaliste à doubler ses
« avances. D'un autre côté, le propriétaire n'ayant droit
« qu'à une partie aliquote de produits en nature, ne
« peut éviter ni les ennuis et les frais de la surveillance,
« ni des pertes de temps considérables, soit pour veiller
« à ses intérêts, soit pour vendre ses denrées au moment
« le plus opportun. En résumé, cette forme d'exploita-

---

(1) Aujourd'hui comte Rossi, pair de France, membre de l'institut,
ambassadeur à Rome.
(2) T. II, pag. 131.

« tion est plus coûteuse qu'elle ne le paraît au premier
« abord, et n'encourage à de nouveaux efforts, ni le
« métayer ni le propriétaire.

« Quoi qu'il en soit, toujours est-il que la métairie est
« une association très imparfaite sans doute, et ne pou-
« vant être excusée que dans les pays où le manque
« d'instruction et la rareté des capitaux, ou d'autres
« circonstances locales ne permettent pas une manière
« de culture plus habile et plus productive ; mais,
« quelque imparfaite qu'elle soit, elle prouve combien
« il est facile de faire pénétrer dans l'esprit des cultiva-
« teurs l'idée de l'association, et de leur faire sentir les
« rapports souvent compliqués qu'elle enfante. »

Dans une note mise au bas de la page et relative à ce
que l'auteur vient de dire, que le métayage n'encourage
à de nouveaux efforts, ni le métayer, ni le propriétaire,
M. Rossi ajoute :

« Qu'une métairie, dont le métayer, d'après la loi de
« son contrat, perçoit la moitié des produits, rende
« 400 francs : si, par un travail *double*, on obtenait un
« produit total de 600 francs, le métayer n'en recevrait
« en tout que 300, c'est-à-dire, il ne jouirait que de la
« moitié du bénéfice que son redoublement de travail
« aurait procuré. Si en employant un nouveau capital
« de 1,000 fr, le propriétaire était certain de faire pro-
« duire au fonds un surplus de 200 fr. (je suppose que
« le taux commun des profits des fermiers-capitalistes
« est de 10 pour 100), il pourrait sans doute faire l'a-
« vance des 1,000 fr. De même, si, par un travail addi-

« tionnel qui représenterait cent journées, le métayer
« était assuré d'un accroissement de produit égal à deux
« fois le salaire des cent journées, son activité pourrait
« peut-être se sentir excitée, bien qu'en général les
« hommes, les hommes ignorants surtout, n'aiment
« guère, quoique suffisamment récompensés, un travail
« qui profite même à ceux qui n'ont point contribué au
« résultat. Mais la certitude d'un produit double des
« profits ordinaires est bien rare en agriculture. Aussi,
« dans les pays à métayers, on ne voit d'améliorations
« dans la culture que là où des propriétaires aisés, in-
« telligents, ont su, par d'habiles combinaisons, allier
« leurs propres capitaux au travail des métayers et con-
« cilier dans la distribution des résultats les lois de la
« justice avec les prévisions d'un intérêt bien entendu. »

Cette critique a, au premier abord, un caractère de
généralité qui semble frapper par sa justesse, et cependant elle porte avec elle deux correctifs qu'il est bon de
noter. Le savant professeur fait suffisamment sentir que
les lieux où l'usage des métairies est établi peuvent dif-
férer entre eux, ainsi que les pratiques des agriculteurs,
propriétaires, ou métayers, suivant les obligations que
les usages imposent aux uns et aux autres. Ainsi, d'une
part, il dit que l'association du métayage peut être excusée dans les pays où le manque d'instruction et la
rareté des capitaux, ou d'autres circonstances locales
ne permettent pas une manière de culture plus habile
et plus productive, et, d'autre part, il ne dissimule pas
que dans certains pays ce mode d'exploitation n'est pas

incompatible avec des améliorations dans la culture, grâce aux combinaisons habiles de propriétaires aisés et intelligents.

Que dans quelques contrées, où les propriétaires n'habitent pas leurs terres ou près de leurs terres, le manque d'instruction et la rareté des capitaux dans la dernière classe agricole empêchent de trouver des fermiers éclairés et solvables, cela est vrai, comme dans quelques parties du Bourbonnais, de l'Auvergne, du Berry et ailleurs, et là il faut excuser le métayage jusqu'à ce que les propriétaires s'évertuent pour trouver mieux et introduisent, en attendant, les pratiques recommandées par M. de Gasparin, pour relever les pauvres métayers de leur routine et de leur nonchalance.

Que dans les départements observés par M. de Gasparin, situés dans l'Est ou voisins du midi de la France et en vue desquels il paraît avoir écrit son mémoire, les combinaisons de quelques propriétaires aisés et intelligents se répandent et fassent moins regretter les avantages d'une manière franche de cultiver, comme le fermage dans le Nord et le métayage pur dans le midi de la France, c'est encore un état de choses à tolérer, attendu qu'en beaucoup de choses le mieux est souvent le parfait.

Mais que le métayage, tel qu'il se pratique partout où les propriétaires résident sur leurs terres ou près de leurs terres, soit atteint par la critique que nous venons de rapporter, nous ne le concédons pas. M. le comte Rossi ne fait d'ailleurs aucune différence nominale des pays divers où le métayage est usité, ni une distinction essentielle surtout dans la Provence et le Languedoc, entre la grande et la petite propriété, distinction dont on verra plus bas l'importance.

Le savant auteur commence par dire que la part proportionnelle du produit restant toujours la même entre le métayer et le propriétaire, l'un n'est pas suffisamment intéressé à redoubler d'efforts et d'activité, l'autre à doubler ses avances. Ainsi, dit-il, qu'une métairie rende 400 fr.; si, par un travail double on obtenait un produit total de 600 fr., le métayer ne recevrait que 100 fr. de plus, c'est-à-dire 500 fr. De même, le propriétaire qui ferait des avances à la terre n'étant pas certain de retirer pour sa part le 10 pour cent de ses capitaux avancés, s'abstient de faire des avances. Cela est peut-être vrai en général: les dispositions que l'auteur prête aux métayers existent jusqu'à un certain point, et ce qu'il y a d'aléatoire et d'incertain dans les profits des capitaux employés en agriculture retient aussi les propriétaires de faire des avances considérables aux fonds qu'ils exploitent de concert avec des métayers. Mais, rabattons d'abord quelque chose de l'exemple mis en avant pour démontrer cette vérité. M. le comte Rossi suppose qu'un métayer peut redoubler de travail dans la rigoureuse signification du mot: or, il faudrait qu'une propriété fût bien mal exploitée pour qu'on pût y pratiquer un travail double de celui qu'elle reçoit annuellement. Il faut admettre, au contraire, que les propriétés dans le midi de la France sont cultivées aussi bien ou très

5

approximativement aussi bien qu'elles peuvent l'être partout ailleurs, et que si quelques-unes, ou un certain nombre sont susceptibles d'être améliorées avec des chances raisonnables de succès, cette infériorité ne va pas jusqu'à pouvoir leur faire supporter, avec l'espoir d'un succès ordinaire, un travail double de celui qu'elles reçoivent habituellement. Si cela est vrai pour le travail du métayer, il doit être vrai pour les avances du propriétaire que les terres, en général, ne sont pas tellement négligées, qu'elles soient dans le cas de recevoir de nouvelles avances hors de toute proportion. Ainsi l'auteur a voulu constater seulement cette disposition des métayers à ne pas prodiguer leur travail parce qu'il faut qu'ils partagent les bénéfices de leurs sueurs avec celui qui n'y a eu aucune part, et la disposition corrélative des propriétaires à être avares de leurs capitaux parce qu'ils sont réduits à partager le profit de leurs avances avec celui qui est obligé par son contrat à faire valoir la propriété quelle qu'elle soit. Nous le répétons, c'est là peut-être le côté faible du métayage et l'imperfection qui lui est propre. Mais, n'oublions pas que nous parlons des localités où le métayage a pour but, comme en Italie, suivant les expressions de M. de Gasparin, beaucoup plus de conserver que d'améliorer. D'un autre côté, qu'on se rassure: toutes les fois qu'il s'agit de l'intérêt des hommes, ils savent bien, ou dompter leur paresse, ou faire des sacrifices apparents lorsque ces sacrifices doivent amener en résultat des avantages qui leur sont supérieurs. Aussi la pratique vient-elle cor-

riger ce que la théorie montrerait comme trop défec-
tueux, et il y a plus d'une raison pour que, dans la partie
méridionale de la France où le métayage a son siége,
ces *combinaisons habiles* par lesquelles les propriétaires
aisés et intelligents savent intéresser le travail du métayer aux avances qu'ils font à la culture, soient d'une
pratique plus générale qu'on ne le croirait, car elle est
d'abord celle de tous les grands propriétaires, qui, à
l'aisance, joignent d'ordinaire les lumières et qui, lorsqu'il s'agit de faire un choix entre le fermage et le métayage, sont en état de se déterminer par des motifs
auxquels leur intérêt n'est pas étranger. Ces combinaisons, qui ne sont autres qu'une modification de la règle
du partage égal des produits, sont en outre d'une pratique universelle , comme résultat d'une expérience
immémoriale qui a naturalisé et implanté dans le sol le
contrat de métayage. Ainsi, pour entrer dans quelques
détails et anticiper sur ceux que nous donnerons dans
le chapitre relatif aux règles qui, dans l'arrondissement
d'Aix, président à la convention entre le propriétaire et
le métayer, les travaux de défrichement sont payés à
part au métayer, ou il en est indemnisé par l'abandon
entier qui lui est fait de plusieurs récoltes successives,
ou par une portion plus forte que la moitié dans le partage d'un certain nombre de récoltes. Les travaux de
défonçage lui sont également payés, mais seulement
par moitié, soit en argent pour solder les journaliers
qui l'aident à les opérer, soit par l'abandon de la récolte

entière qu'amène la première année sur les terres dé-
foncées.

D'autre part, il ne faut pas oublier que si les avances
que fait le propriétaire, ne lui rapportent, la première
année, pour sa part, que le 3, le 4 ou le 5 pour cent,
elles pourront lui procurer, la seconde année, un bénéfice
quelquefois égal ou supérieur, bénéfice qui pourra
même se prolonger encore plusieurs années tout en di-
minuant, sans compter que parfois les améliorations
accroissent la valeur du fonds, ou donnent un profit
supérieur au 5 pour cent en s'élevant graduellement,
quoique leur effet n'ait pas été immédiat, ainsi qu'il
arrive toutes les fois qu'il s'agit de plantations.

La seconde objection mise en avant par le publiciste
célèbre, ancien professeur d'économie politique au col-
lége de France, est que par le mode d'exploitation que
nous examinons le propriétaire ne peut éviter ni les
ennuis et les frais de la surveillance, ni des pertes de
temps considérables, soit pour veiller à ses intérêts, soit
pour vendre ses denrées au moment le plus opportun.
Mais, ce qui répond à cela, c'est que les propriétaires
dans le midi de la France ne sont pas généralement des
négociants absorbés par les affaires de leur industrie,
ou les calculs de leur comptoir, à qui le temps ne permet
jamais de visiter une propriété éloignée, comme dans le
Nord, de vingt ou trente lieues du siége de leur négoce,
ou de la ville qu'ils habitent. La grande propriété dans
le Midi est généralement entre les mains de la classe nobiliaire, ou d'une autre classe de propriétaires, pour qui la

possession et l'exploitation du sol sont l'unique occupa-
tion et un agrément tout à la fois. La richesse et la variété
des produits donnant d'ailleurs une grande valeur au
terrain, les exploitations n'y sont pas d'une grande
étendue, et par cela même les propriétés de moyenne
grandeur autour des centres de population étant en
nombre plus considérable, il n'y a souvent que des pro-
menades et un objet de récréation ou de distraction, au
lieu de perte de temps, à exercer la surveillance qu'exigent le métayer et les intérêts de l'association. Nous ne
répéterons pas ici ce que nous avons déjà exposé sur
une égale surveillance qu'exige souvent un fermier dans
certaines localités du midi de la France et sur le peu de
différences qu'il y a, sous beaucoup de rapports, entre
l'exploitation par des fermiers ou par des métayers dans
ces mêmes localités.

Les économistes, qui, en parlant du métayage, ont
presque toujours en vue les provinces les plus pauvres
de la France, au lieu d'attribuer la lenteur des progrès
de l'agriculture et la routine des procédés agricoles à
l'indifférence des propriétaires ou à leur éloignement
habituel des domaines qu'ils abandonnent à leurs métayers, ne manquent jamais d'accuser ceux-ci d'ignorance
et d'apathie, sans faire attention qu'ils font porter au
genre de culture, dont les métayers sont les instruments
passifs, les reproches qui devraient s'adresser à ceux
qui ont seuls les moyens et le pouvoir d'aider ou de
provoquer les révolutions en agriculture. La rareté des
capitaux et la pauvreté des métayers sont sans cesse, aux

yeux de M de Gasparin, la grande cause qui retient un pays dans l'infériorité du métayage, sans indiquer de quels départements il parle parmi tous ceux qui suivent, avec des conditions si diverses de succès, ce genre d'exploitation. « Il voit bien, dit-il, les propriétaires tou-
« jours assez portés à changer la position incertaine
« dans laquelle les retient le métayage contre un reve-
« nu certain, exempt de peines, de soin, d'embarras et
« de surveillance; mais le premier et le plus grand obs-
« tacle est la pauvreté des métayers bien plus encore
« que leur obstination mal entendue (1). »

Il ajoute : « Une des causes les plus puissantes qui
« retiennent les colons dans cette pauvreté, c'est sans
« contredit la casualité des récoltes. Rarement l'hom-
« me est doué d'assez de prévoyance et d'énergie pour
« mettre en réserve, sur le produit des bonnes années,
« ce qui doit lui manquer dans les mauvaises. Aussi
« peut-on assurer que les pays dont le climat est in-
« constant et où d'autres causes irrégulières viennent
« souvent troubler l'équilibre des produits, sont ceux
« que la nature condamne le plus irrévocablement à la
« continuation du métayage. Ainsi, dans des lieux ex-
« posés à des grêles, à des pluies pendant la floraison
« des blés, à des brouillards pendant leur maturation,
« à des inondations, à des gelées printanières; dans les
« pays même de pâturage, de tous les plus propres au

(1) Pag. 34.

« fermage, où les troupeaux sont sujets à des épizooties,
« on courra de grands dangers en contractant avec des
« tenanciers, qu'une continuité de désastres peut ren-
« dre insolvables, et l'on sera toujours forcé à s'en tenir
« à un autre mode d'exploitation (1). »

Si M. de Gasparin avait distingué dans son ouvrage
la grande et la petite propriété, nous croyons que le
passage que nous venons de citer pourrait bien s'appliquer, en effet, à la petite propriété dans les pays même
où la nature des produits donne lieu au fermage. Ainsi,
sur les montagnes de l'Ardèche, au milieu des Ceven-
nes, sur les hautes vallées de l'Auvergne, dans les Hautes et les Basses-Alpes, dans le Dauphiné, partout
enfin où le climat est capricieux, les ravages de la
nature désastreux et les accidents atmosphériques
nombreux et fréquents, les causes qui viennent d'ê-
tre énoncées, peuvent agir dans le sens indiqué.
Mais pourquoi ne pas pousser plus loin cette investigation? Pourquoi, si dans certaines localités le propriétaire conservera des métayers pour éviter leur insolvabilité s'ils étaient fermiers, n'y aura-t-il pas d'autres
contrées où il sera conduit par d'autres motifs qui
pourront se joindre à celui-là quand il s'agira de la petite propriété et qui en seront distincts quand il s'agira
de la grande? M. de Gasparin sait bien que ces contrées existent, mais il ne veut les voir qu'en Italie.
Voici ce qu'il dit un peu plus loin :

(1) Pag. 34 et 35.

« En Toscane, où l'on voit le beau idéal du système
« de métayage, le propriétaire est chargé de toutes les
« améliorations, et si les domaines sont dans un si bel
« ordre, si la culture y est portée presque au dernier
« degré de perfection, on ne doit pas l'attribuer aux
« effets actuels de cette clause, mais à l'opulence an-
« cienne de ce pays enrichi dans le moyen-âge par le
« commerce. Alors la propriété territoriale était la
« moindre partie de la fortune de ses possesseurs, et
« ils s'y attachaient comme à un objet de luxe plus
« que pour son produit. Les domaines furent réduits
« au minimum d'étendue; chacun d'eux devint un jar-
« din cultivé à bras, planté avec soin de vignes, d'o-
« liviers et de mûriers. Cette création de la richesse a
« survécu quand celle-ci a cessé d'exister (1). »

Comment! Il y a plus de trois cents ans que la décadence commerciale et maritime de Florence et des autres villes de la Toscane a commencé, et l'état florissant de son agriculture est encore l'effet de ses richesses
acquises au moyen-âge! Trois cents ans n'ont pas suffi
pour détériorer ses canaux d'arrosage, pour voir périr
ses mûriers, ses oliviers de vétusté, ses amandiers
voler en poussière; la vigne, les figuiers, les capriers,
les arbres à fruit, tout s'est renouvelé et s'est entrete-
nu de soi-même comme par enchantement! Si M. de
Gasparin n'avait pas dit qu'il exploitait avec succès une

(1) P. 81.

partie de ses biens par le métayage, si en cent endroits
de son mémoire il ne le considérant comme un mode
nécessaire d'exploitation pour certains pays et dont les
avantages compensent les inconvénients, on concevrait
la conclusion qui termine le tableau qu'il vient de tracer
de la Toscane. Mais, n'en déplaise à cet agronome esti-
mable, digne, du reste, nous le croyons, de toute sa réputation, en fesant la description de l'état agricole de la
Toscane, il n'a peint, en quelque sorte, qu'à faibles traits
celui de beaucoup de localités de la Provence, du Languedoc, de tout le midi de la France et, par exemple,
des environs de Marseille, la nouvelle et opulente Car-
thage. Rien n'est beau et florissant comme les deux cantons de Roquevaire et d'Aubagne, dont la fertilité et les
produits précieux enrichissent les propriétaires qui,
généralement, exploitent eux-mêmes, ou par des métayers; et tout le reste de l'arrondissement qui environne
la reine de la Méditerranée, n'est, à vrai dire, qu'un immense jardin, divisé par petits compartiments, dont chacun a son petit château ou son pavillon, entouré de produits choisis, qui coûtent cher, on peut le dire, au bour-
geois ou au commerçant marseillais qui en fait le lieu de
ses délices. Allez proposer le fermage à ces amateurs des
champs, à ces constructeurs de tivolis champêtres, et
vous les verrez accueillir votre proposition comme une
injure faite à leur indépendance, comme l'entrave la
plus odieuse qui pût traverser leurs plaisirs et les jouissances dont ils sont avides !

L'arrondissement d'Aix diffère peu de celui de Mar-

seille : les *bastides* qui ornent ses côteaux , dont le voyageur se plaît à répéter le nom en langue vulgaire et
qui rivalisent presque en nombre les pavillons champêtres qui peuplent la riante banlieue de son heureuse
voisine, témoignent du soin avec lequel la culture est
exercée dans ces contrées essentiellement agricoles, où
non seulement les agronomes distingués ne sont pas
rares, mais dans lesquelles le métayage n'étant en quelque sorte pour les propriétaires qu'un moyen de cultiver eux-mêmes , l'exploitation y est la meilleure de
toutes, c'est-à-dire, la plus favorable à la conservation
de la propriété et aux progrès de l'agriculture.

Plusieurs cantons du département du Var, la vallée
d'Ollioule , la banlieue de la ville de Grasse, les îles
d'Hyères, les environs de Montpellier, de Nîmes, de
Béziers, de Toulouse, de Carcassonne et de bien d'autres villes du Midi, sur les bords même de la Loire jusqu'aux confins de la Normandie , ne se distinguent
peut-être encore que par des variétés plus pittoresques
des localités enchantées du département des Bouches-
du-Rhône.

J.-B. Say, dans son *Cours complet d'économie politique* (1), montre plus que tout autre , par les quelques
mots au moyen desquels il cherche à justifier son éloignement peu déguisé pour le métayage , que c'est dans
son cabinet ou dans les livres qu'il a comparé ce mode

(1) Tome II, page 73.

de culture avec les autres, plutôt qu'en parcourant les divers pays où il est usité. Après avoir décoché un trait obligé contre l'ignorance et la routine des *pauvres mé-tayers*, il cite les plus mauvaises terres du Bourbonnais exploitées de cette manière et remarque ensuite, cependant, que M. de Sismondi a fait un grand éloge du métayage dans son *Économie politique*, quoique, ajoute-t-il, il eût dit, dans son *Tableau de l'agriculture Toscane*, que sur dix métayers à peine en trouvait-on un seul qui ne fût pas arriéré envers son propriétaire pour les avances qu'il en reçoit.

Nous n'avons pas sous les yeux le passage où M. de Sismondi eût évidemment exagéré en portant à cette proportion le nombre des métayers auxquels, en Toscane, les propriétaires sont dans le cas de faire quelques avances de récoltes dans les mauvaises années. Du reste, une contradiction de plus ou de moins ne saurait surprendre dans un auteur aussi systématique que M. de Sismondi, toujours porté à généraliser ou à exagérer ses idées. Il est vrai que dans ses *Nouveaux principes d'économie politique* (1), il fait un éloge presque emphatique de l'agriculture en Toscane, en déclarant que cette prospérité prouve que le métayage peut être aussi avantageux au pays même qu'au paysan. Mais nous n'estimons pas plus cet éloge que nous ne chercherons à relever toutes les erreurs et les singularités qui entachent presque tout le chapitre où il traite *de l'exploi-*

(1) Deuxième édit, tom. i, liv. 3, chap. 5.

tation par les métayers ou à moitié-fruits. Ce sentiment est sévère de notre part; mais c'est le sort auquel on doit s'attendre lorsque, au moyen d'un style prétentieux et dogmatique, on semble n'avoir d'autre but que de faire étalage de philanthropie aux dépens de la science exacte et de la rectitude de jugement. On peut remarquer toutefois que, guidé par ce principe éminent aujourd'hui, que la population laborieuse, industrielle ou agricole, a besoin, pour être heureuse ou se garantir de la misère, de ne pas s'abandonner au mariage avec indiscrétion, sans être assurée des moyens au moins probables de nourrir une famille, M. de Sismondi a été frappé de l'obstacle qu'oppose à un excès de la population agricole le régime heureux des métairies, qui, ne permettant que le mariage de l'un des enfants sur l'exploitation du père, garantit ainsi les familles des métayers de ce paupérisme qui, dans les capitales et les villes de manufactures, ronge cette fourmillière malheureuse et corrompue qui est la honte de la civilisation. Cet heureux état de la population agricole de la Toscane et d'autres parties de l'Italie, n'a pas frappé seulement M. de Sismondi : il a ravi presque tous les voyageurs, qui confondent naturellement dans leur admiration la beauté de l'agriculture et le bien-être de la population qu'elle nourrit (1).

Cette situation n'est que l'image de celle dont nous

_____

(1) Voyez dans Malthus, t. ii, troisième édit, p. 104, une lettre sur le même sujet.

pouvons nous applaudir sur tous les départements fortunés qui bordent la Méditerranée et partout où le
métayage, par la rigueur inflexible de ses lois, nous
montre une famille heureuse de travailler en commun,
jusqu'à ce que les fils cadets, s'il y en a, ne se mari-
ant que lorsqu'ils trouvent une exploitation vacante, ou
toute autre destinée, le fils aîné seul prend la compa-
gne qui soignera ses vieux parents et perpétuera la famille, qui, souvent sur le même héritage, se succédera
pendant plusieurs générations.

Mais M. de Sismondi, cherchant partout les contras-
tes, ou un aliment aux idées qui le préoccupent, croit
avoir remarqué dans d'autres parties de l'Italie, chez
la classe agricole, moins de prudence dans son penchant
au mariage, et la concurrence que se font les fils cadets
de métayers pour obtenir une exploitation, réduit, dit-il,
les paysans de la rivière de Gênes, de la république de
Lucques et de plusieurs provinces du royaume de Naples, à se contenter d'un tiers des récoltes au lieu de
la moitié. De là, suivant lui, une pauvreté fâcheuse dans
cette classe digne d'un meilleur sort.

Cette portion, moindre de la moitié des récoltes, qui
a paru à M. de Sismondi le résultat de la concurrence,
n'est certainement que l'effet de la richesse des produits plus abondants en certaines contrées, et qui, exigeant moins de travail de la part du colon, lui attribue
aussi une part moins forte dans le partage des fruits.
Ainsi, la rivière de Gênes, certaines provinces du royaume de Naples étant surtout fertiles en oliviers, qui

ne demandent qu'un travail sans proportion avec le luxe de leur produit, ces contrées, comme la campagne de Lucques où l'olivier, l'amandier et le mûrier abondent, peuvent avoir des métayers pour lesquels le tiers des récoltes équivaut à la moitié dans des localités voisines.

D'ailleurs la pauvreté n'est pas la misère, surtout en Italie, où la frugalité suffit à la satisfaction du petit nombre des besoins des habitants de la campagne de cette heureuse contrée.

En résumé, si en Toscane ou ailleurs, les possesseurs des petits héritages sont quelquefois obligés, dans les mauvaises années, de faire quelques avances de récoltes aux métayers, ce serait une preuve que ce mode d'exploitation n'est pas défavorable aux propriétaires, et d'un autre côté cette circonstance donnerait une bonne idée des clauses plus équitables qui règlent le contrat dans le midi de la France, où, non seulement les métayers n'ont plus besoin des avances des propriétaires, mais où la plupart font des économies dans les propriétés grandes et moyennes.

Nous n'en dirons pas davantage sur le chapitre où M. de Sismondi traite la matière qui nous occupe, chapitre, dans lequel, au milieu de la plus grande confusion d'idées, on trouve réunis les erreurs historiques, des erreurs de fait, des faits superficiellement observés, le tout donnant lieu à des conséquences fausses, bizarres, ou servant de texte à cette phraséologie doctorale et

nébuleuse qui fait le caractère de l'économiste ge-
nevois.

Enfin, il peut être curieux de voir ce débat entre le
système des métairies et le fermage éclairci en partie
dans une discussion qui eut lieu à l'académie des sciences morales et politiques, lors de la lecture du mémoire
de M. Hippolyte Passy, dont nous avons déjà parlé. Dans
une partie de ce mémoire, le savant et ingénieux économiste, envisageant la petite culture sous un point de vue
nouveau, s'était appliqué à la venger des reproches qu'on
lui a, jusqu'ici, généralement adressés en la comparant
à la grande culture. Un autre membre de l'académie,
apercevant sans doute quelques rapports entre la petite
culture et le métayage, demanda à faire quelques observations, entre lesquelles on peut remarquer celle-ci : il
dit que, traversant la France dans tous les sens, il s'était
aperçu qu'il se préparait dans l'ouest et le centre une
sorte de révolution dans l'agriculture , et que des fermiers éclairés de la Beauce et de la Normandie , ayant
en outre des capitaux , étaient appelés par les grands
propriétaires pour remplacer leurs métayers , l'usage
des métairies devant être considéré comme ayant fait
son temps (1).

M. Hippolyte Passy répondit en ces termes :

« M. Ch. Lucas est frappé de ce fait , que dans le
« centre et l'ouest de la France , de grands fermiers,
« venus en partie d'autres provinces, apportent la grande

(1) *Moniteur*, 1845, p 386.

« culture et réalisent des profits plus considérables que
« les métayers. Rien de plus simple : les métayers sont
« pauvres et ignorants ; ils n'ont ni les capitaux, ni les
« lumières que demandent les améliorations à effectuer,
« et les hommes qui les supplantent possèdent, au con-
« traire, ce qui leur manque. Aussi obtiennent-ils, par
« des dépenses interdites à leurs devanciers, des résul-
« tats précieux et les cultures changent-elles de face.
« Ce qui commence dans le centre, c'est une véritable
« révolution dans la nature des produits. A de pauvres
« métayers, ne pouvant obtenir que des récoltes peu
« chères, ne fesant, en général, que du seigle et du sar-
« rasin, succèdent des fermiers à même de fournir au
« sol les avances nécessaires à la production du blé et à
« la multiplication des bestiaux. Ces fermiers apportent
« les capitaux à l'aide desquels s'étend une industrie
« nouvelle, plus puissante et plus lucrative que l'an-
« cienne, et leurs bénéfices, grâce au progrès des com-
« munications, croissent de plus en plus. Nul doute que
« le métayage succombera et fera place à de plus grandes
« cultures ; mais, cette phase accomplie, peut-être en
« viendra-t-il une autre. Avec la richesse agricole croî-
« tront les populations ; le centre comptera à la fin
« beaucoup plus d'habitants et des habitants plus aisés.
« Alors des produits autres que le pain de froment et la
« viande seront plus demandés, et de petites cultures
« retrouveront les moyens de prospérité qu'elles n'ont
« pas aujourd'hui. »

Il faut remarquer deux choses dans cette réponse de

M. Hippolyte Passy à M. Ch. Lucas : la première, qu'il s'agit là du centre et de l'ouest de la France et non du Midi ; la seconde, qu'il s'agit, non d'un état d'agriculture à conserver, mais de terres susceptibles d'être améliorées et portant les produits les plus simples, c'est-à-dire ceux qui, partout, donnent lieu au fermage et à la grande culture. Que le métayage succombe donc dans les pauvres pays du Bourbonnais et du Berry, sur les tristes plateaux de l'Anjou et du Maine et dans les landes infertiles de la Gironde et de la Bretagne ! Rien de plus naturel et même de plus désirable, mais une barrière immense s'élèvera toujours entre ces contrées et les contrées presque italiennes, où l'expérience a démontré aux classes nobiliaire et bourgeoise, presque oisives, ou non distraites par le commerce et l'industrie, qui, plus que les propriétaires du nord et du centre, vivent sur leurs terres ou s'occupent de les faire valoir, que, quels que soient même les produits de leurs domaines, non seulement elles ne sacrifient pas leurs intérêts à leurs convenances en exploitant par des métayers, mais que ce mode de culture est, pour ceux qui l'adoptent, le moyen de retirer de leurs propriétés le plus d'utilité et d'agrément possible. Achevons ici la démonstration.

Il est incontestable, quant à l'agrément, que le bail à moitié-fruits, laissant au propriétaire toute son action sur le métayer, la direction des travaux et de l'exploitation, gêne bien moins que le bail à ferme, sa liberté pour tout ce qui concerne la jouissance de son domaine. Le fermier, ne partageant aucune récolte avec le maître de l'héritage, se considère comme propriétaire de son lot. Il a le droit de se renfermer rigoureusement dans les termes de son bail et de parquer, en quelque sorte, le propriétaire dans les lieux qu'il s'est réservés autour de son château ou de son habitation. Celui-ci ne participe pas librement, comme il le ferait dans l'occasion avec un métayer, aux produits de basse-cour, de jardinage ou de fruitier, qu'il est si commode et agréable à la campagne de pouvoir se procurer à volonté. Enfin, pour peu que la mésintelligence survienne, si la propriété n'en souffre pas d'une manière grave, le propriétaire se trouve pour le moins exclu de toutes ces petites tolérances qu'un colon partiaire ne refuse jamais et qui donnent au séjour des champs toute sa liberté et son charme.

Quant à l'utilité positive et aux revenus de la propriété, il est encore plus facile de prouver d'une manière rigoureuse la préférence qui est due au métayage sur le fermage.

D'abord le bail à métairie, les réserves que se fait ordinairement le propriétaire et les stipulations qui accompagnent la convention, tout est calculé pour que le métayer ne retire à peu près de son exploitation que ce qui est nécessaire à ses besoins, à ceux de sa famille et à un faible excédant ayant deux destinations: la première, de subvenir à la petite épargne annuelle sans l'espoir de laquelle le colon d'une grande propriété n'engagerait pas sa liberté et celle de sa famille ; la seconde, de représenter l'intérêt, le profit et les frais d'entretien du petit capital d'exploitation en instruments aratoires, en bêtes à laine ou de labour, si ce capital lui appartient, ou au moins les frais d'entretien, ou la rente de ce capital s'il appartient au propriétaire (1).

Au contraire, celui qui prend la même exploitation comme fermier, a la prétention et l'espoir de retirer de ses travaux et des produits de la propriété :

1° Les frais de nourriture et d'entretien de lui et de sa famille ;

2° L'intérêt et le profit de ses capitaux et de ses avances et les frais d'entretien de ceux de ces capitaux qui ne se consomment pas par l'usage ;

3° Le prix de l'engagement de sa liberté et de celle de sa famille ;

4° L'indemnité du risque qu'il court en s'engageant à payer, à terme fixe, la rente du propriétaire, quels que soient la bonté des récoltes, le prix de leur vente et la facilité de les vendre.

Ainsi, le fermier a, de plus que le métayer, le droit de prétendre et d'espérer sur le revenu total de la propriété : 1° un profit de ses avances et de ses capitaux plus fort que le profit que le métayer retire des siens, les avances et les capitaux du fermier étant plus considérables que ceux du métayer, lequel n'a que peu ou point d'avance à faire, ou ne possède même souvent aucun capital de labour ; 2° un prix de l'engagement de sa liberté et de celle de sa famille, supérieur au prix que

(1) Voyez plus bas les règles relatives au bail à métairie.

retire le métayer pour le même objet, par la raison que cette liberté est engagée pour plus longtemps que celle du métayer ; 3° enfin, l'indemnité légitime du risque qu'il court en contractant ses obligations à terme fixe et rigoureux, quels que soient, il faut le répéter, la bonté et le prix des récoltes et la facilité de les vendre.

Sans doute, tout dépend du taux de la rente imposée au fermier ; mais la preuve que dans le fait et la pratique cette rente est assez modérée pour satisfaire les justes prétentions du fermier, ou qu'elle est inférieure au revenu que le propriétaire obtient du bail à moitié-fruits, c'est que les propriétés affermées le sont en général par nécessité de position, de convenances ou d'anciennes habitudes dans les familles, souvent à cause de l'absence du propriétaire ou de l'éloignement de sa résidence, raisons que nous avons déjà expliquées ; tandis que toutes les fois qu'un propriétaire trouve dans de nouveaux arrangements d'affaires, de position, ou de famille, la facilité et les moyens d'exploiter par des métayers, il le fait sans hésiter. Il y a à ce sujet des faits notoires et décisifs : de grandes fermes ont été converties en métairies, et de grands domaines, dont les propriétaires même sont absents, continuent d'être exploités de cette manière parce que la métairie a été trouvée plus lucrative et plus profitable.

Dira-t-on que la concurrence entre les prétendants à la même ferme élève quelquefois la rente à un taux très favorable pour le propriétaire ? Ces cas sont rares et forment toujours l'exception ; car la concurrence ne

s'agite guère qu'autour des plus grandes propriétés.
Mais, quelque favorable que soit le taux de la rente,
comme il ne peut jamais équivaloir à la portion de fruits
et aux avantages divers que le propriétaire recueille de
la métairie, on se tromperait encore si l'on ne voyait
qu'un profit certain dans un fermage au-dessus des conditions ordinaires: le propriétaire risque, ou de ne pas
être payé, ou de ruiner le fermier. Dans le premier cas,
il souffre des délais qu'il éprouve dans la rentrée de ses
revenus; et dans le second cas, outre les procès et les
difficultés désagréables qui accompagnent d'ordinaire
l'expulsion d'un fermier ou l'expiration de son bail, les
terres et tous les produits sont épuisés, toutes choses
sont négligées, la propriété se dégrade, et si la ferme
se discrédite, il faudra dans le bail suivant diminuer la
rente en raison des frais que le nouveau fermier aura à
faire pour remettre les terres en bon état, ou pour qu'il
ne se croie pas exposé à la même déconfiture que son
prédécesseur. Aucun calcul, du reste, n'est plus mau-
vais que celui que font certains propriétaires en chan-
geant souvent de fermiers dans l'espoir d'obtenir une
rente supérieure à l'ancienne. Nous n'entrerons pas ici
dans le détail de tous les inconvénients de ces changements fréquents; mais il est d'expérience que rien n'est
plus fatal à une propriété. Dès qu'un fermier prévoit
que son bail ne sera pas renouvelé, il cesse de prendre
intérêt à la terre qu'il cultive; les labours sont faits superficiellement; les jachères sont mal travaillées, les
sarclages tout à fait abandonnés; la vigne est sacrifiée

par une main ingrate qui la surcharge de fruits; les prairies artificielles sont détruites et l'amélioration qui en résulte est bientôt épuisée par des récoltes de grains répétées; les plantations languissent dans la souffrance; les arbres sont mal taillés ou ne le sont pas du tout; les fossés d'écoulement se détruisent sans réparation; le fermier enfin ne travaille qu'au jour le jour, ne fait que le nécessaire et subordonne tout à son intérêt, parce que son avenir et ses projets sont déjà transportés ailleurs.

Ajoutez que tous ces dommages ne retombent pas seuls sur le nouveau fermier. Non seulement cet état désolé de la propriété écartera les concurrents ou fera diminuer les offres; mais le nouveau fermier demandera sans doute qu'il soit fait un état des lieux; il exigera que tout soit laissé en bon état, et alors, ou il faut exercer des poursuites contre l'ancien fermier pour le rétablissement de ce qu'il a négligé, poursuites dont le résultat est d'autant plus incertain que peut-être antérieurement il n'aura pas été fait d'état des lieux, ou que celui qui aura été fait, n'est pas assez détaillé, ou enfin il présente une foule de points douteux, comme il n'arrive que trop souvent; ou bien si l'on se résigne à ne pas exercer ces poursuites coûteuses et désagréables, on est obligé à rétablir la ferme à ses dépens, ou on laisse continuer une série de dégradations qui ira toujours en augmentant. Notez encore que si l'on connaît les défauts de l'ancien fermier, autant qu'on peut les connaître tous, il n'en est pas de même de celui qui se présente, et que c'est là une nouvelle expérience à faire qui ne tourne pas toujours à l'avantage du propriétaire qui aime les changements.

En résumé, s'il y a concurrence pour le fermage des grandes propriétés, cette concurrence ne s'agite qu'autour des plus grands domaines, et quelque avantageux que puisse être quelquefois le taux de la rente, ce n'est pas tout profit pour le propriétaire que de faire succéder dans une même propriété des fermiers qui se ruinent. Mais, loin qu'il y ait concurrence pour le fermage des propriétés moyennes, les offres ne sont jamais satisfaisantes pour le propriétaire. Les cultivateurs qui offrent quelques garanties, préfèrent une métairie qui ne les expose à aucun danger, à une ferme ordinaire où ils ne peuvent pas faire de grands bénéfices. Toutes les fois qu'il y a des amandiers et des oliviers dans une propriété, l'incertitude des récoltes que donnent ces produits, fait que la rente offerte est trop forte pour le fermier et trop faible pour le propriétaire. D'un autre côté, le propriétaire ne pouvant pas toujours savoir au juste si les fermiers précédents ont mal réussi dans leurs affaires par ignorance et incapacité, ou par le malheur des saisons, tient toujours le taux de la rente aussi haut que possible, sauf à la diminuer plus tard, ou à convertir le bail à ferme en bail à moitié-fruits. Il y a enfin toujours quelque chose d'aléatoire dans la fixation de la rente, surtout dans les baux à courte durée, qui ne donnent qu'un faible espoir de compenser les mauvaises années par les bonnes, et les oscillations du prix des denrées, comme les phénomènes atmosphériques, sont autant d'éléments d'incertitude et de causes de risque pour l'un ou l'autre des contractants. Il s'ensuit que pour les propriétés moyennes, si l'on n'a pas pu trouver un fermier solvable, ou si l'on n'a trouvé qu'un fermier présentant de faibles garanties, une ou deux années de mauvaises récoltes suffisent pour le mettre en retard dans le paiement de la rente. Vient enfin le moment où il faut que le propriétaire exerce des actes de rigueur, soit pour faire rentrer les revenus qui lui sont nécessaires, soit pour ne pas laisser trop accumuler l'arriéré du fermier dans son propre intérêt, soit enfin pour ne pas voir dépérir le gage, quelque faible qu'il soit, sur lequel il comptait pour la régularité et la sûreté du paiement de la rente. Or, il est des propriétaires à qui ces actes de rigueur et tous ces ennuis répugnent : ils n'ont pas le cœur d'exproprier un fermier de son capital d'exploitation, qui forme souvent tout son patrimoine; de désoler une pauvre famille et de finir par l'expulser quand elle s'est ruinée au service de leur propriété. Ils préfèrent, en conséquence, un mode d'exploitation plus équitable qui ne met jamais d'interruption dans leurs revenus et qui, s'il n'enrichit pas souvent, ne ruine jamais le colon partiaire.

Terminons ici par invoquer le témoignage de M. de Gasparin, tant il y a du plaisir à se servir des armes qu'il offre d'une manière aussi gracieuse :

« Si l'on vient à comparer, dit-il, le métayage bien « conduit à un fermage hasardé, la comparaison n'est « pas moins favorable au premier en ce qu'on est assuré

« de tirer une rente de sa terre ; que cette rente est
« aussi complète que le comporte la localité, tandis
« qu'un fermage conclu en dépit des circonstances, fait
« courir le hasard de tout perdre, et qu'on ne peut ja-
« mais le conclure dans les pays où il n'est pas usité,
« qu'au moyen de grands sacrifices et en abandonnant
« une partie de la rente à celui qui veut bien s'en char-
« ger. »

On peut donc tirer deux conclusions de tout ce qui
précède : la première, que généralement le prix des
baux à ferme est inférieur à la portion de récoltes et
aux avantages positifs que le propriétaire retire de la
métairie ; la seconde, que le bail à métairie n'assure pas
seulement d'une manière plus complète et sans réserve
les agréments de la possession territoriale, mais qu'en
ménageant aux propriétaires les nobles jouissances et
les salutaires occupations de l'agriculture, il offre à
l'homme libre un refuge toujours honorable contre l'oi-
siveté, ou les vicissitudes politiques, ou contre les tra-
vers et les injustices de son temps.

CHAPITRE VI

.

—

Le Fermage n'est pas, comparativement, plus favorable au bien-être de la classe agricole qu'il emploie, que le métayage ne l'est aux métayers — Contraste qu'offrent, a ce sujet, le nord et le midi de la France — Gages différents qui en résultent pour la sécurité publique

La classe agricole qu'emploie le fermage peut se diviser en deux classes : celle des fermiers et celle des valets de ferme et des journaliers qu'ils emploient eux-mêmes.

Quand nous disons que le bien-être des fermiers n'est pas comparativement supérieur à celui des métayers, il ne faut pas se tromper sur ces paroles. Les agriculteurs qui acceptent à l'amiable ou par adjudication une ferme un peu importante, devant présenter quelque garantie, cette classe possède ordinairement un petit capital en terre ou en argent ; elle est conséquemment plus ou moins supérieure à la classe des métayers. Mais nous parlons ici des avantages que les fermiers retirent de leur exploitation, comparés à ceux qu'obtiennent les métayers du bail à moitié-fruits.

La rente que les fermiers payent aux propriétaires
étant inférieure aux revenus que ceux-ci retirent du
bail partiaire, il semblerait que cette différence dût
tourner au profit des fermiers, et qu'ainsi leur position
comparative devrait être meilleure que celle des métayers. On serait dans l'erreur si l'on tirait cette conséquence d'une manière rigoureuse et générale. Il est
constant qu'à part quelques fermiers qui, depuis longtemps, se succèdent de père en fils dans les mêmes propriétés, beaucoup d'agriculteurs sont victimes de leur
imprudence et de leur petite ambition, car il y a aussi
de l'ambition chez quelques-uns de cette classe, et
l'état actuel des fermiers en général n'est rien moins
que prospère. Il s'établit pour les fermes importantes,
surtout au centre des villages et dans la Camargue, une
certaine rivalité parmi ceux qui ont des prétentions à
les obtenir, et c'est à qui en offrira le plus haut prix.
Par là on croit non seulement faire preuve de plus d'habileté que ses concurrents, ou que le dernier fermier qui
s'est ruiné, mais on est bien aise de l'occasion de mon-
trer qu'on a de quoi répondre pour le paiement de la rente.
Les fermes sont ainsi devenues, dans certaines localités, une espèce de loterie où le gain n'est assuré que
par une série constante de bonnes récoltes. Aussi y a-t-
il beaucoup d'instabilité parmi les fermiers et rien n'est
plus fréquent que les désastres qui frappent ceux de la
Camargue et de l'arrondissement d'Arles. Dans tout le
département des Bouches-du-Rhône les uns se hâtent
de rentrer dans leur petit domaine patrimonial, après

avoir essayé d'une ferme pendant cinq ou six ans. Ceux-
là, qui avaient épargné à la longue un petit capital dans
une bonne métairie, excités par le désir de faire de
gros bénéfices en peu de temps, déplorent trop tard
la perte de leurs épargnes qu'ils ont consumées dans
une ferme qu'ils ne connaissaient pas. Nous avons reçu
l'aveu d'autres fermiers qui, après les mauvaises récoltes des années 1845 et 1846, s'estimeraient heureux
si le propriétaire, sans attendre la fin de leur bail, voulait accepter sa conversion en bail en métairie. Il est
incontestable, d'un autre côté, que des propriétés qui
étaient naguère affermées, ne sont aujourd'hui exploitées par des métayers, que parce qu'il leur était im-
possible d'acquitter la rente qu'ils s'étaient obligés à
payer comme fermiers. Et il ne faut pas en conclure
que la rente qui leur avait été imposée était trop forte,
comparée aux revenus de l'exploitation : non, si cela
avait été ainsi, le propriétaire se serait contenté de
diminuer la rente, au lieu de leur donner la propriété
à moitié-fruits. Mais si le défaut d'esprit de calcul, de
combinaisons précises, d'habileté, ou d'économie, fait
échouer bien des entreprises dans toutes les professions,
il ne faut pas croire que toutes les qualités se trouvent réunies dans les têtes des agriculteurs. Celui surtout qui devient fermier pour la première fois, ébloui
par la nouveauté de sa position indépendante, se fait
illusion sur les bénéfices qu'il se promet : il veut faire
autrement que son prédécesseur ; il se met en frais exa-
gérés de premier établissement ; il tient à honneur d'a-

cheter des bêtes de labour de haut prix; il se laisse
tromper sur un marché de bétail, il nourrit et entretient des valets de ferme plus qu'il ne doit le faire ;
loin de prescrire la plus sévère économie, il laisse sa
femme accroître la dépense de la maison; qu'une bonne
récolte arrive, tout le bénéfice en est absorbé en dépenses de luxe, en beaux harnais, en linge ou en ustensiles de ménage; ou bien s'il est découragé par
une ou deux années de mauvaises récoltes, au lieu
d'espérer dans des années meilleures et de se résigner,
il négligera la propriété et se livrera à des entreprises
hasardeuses qui absorberont de nouvelles avances en
dévorant tout son petit capital. Voilà des causes, et il
en existe bien d'autres, du peu de succès d'un grand
nombre de fermiers et de la ruine complète de quelques-uns.

Le métayer, au contraire, travaillant sous la direction du maître, qui fait les avances à la propriété quand
il lui convient d'en faire, n'est pas exposé à perdre le
petit patrimoine qu'il peut avoir. S'établissant, du
reste, ordinairement avec peu de capital et quelquefois
sans ressources, il ménage les moyens d'existence que
lui procure son exploitation. Il sait qu'il a peu de crédit
ou qu'il n'en a pas du tout ; il retranche dans les mauvaises années quelque chose sur sa nourriture et s'abstient de toute dépense en vêtements ou en linge, et si
les mauvaises années suffisent à son entretien et à
celui de sa famille, tout est profit dans les bonnes années et il ne laisse pas d'accumuler une petite épargne,

qui, à la longue, sert à l'établissement de ses enfants et au soutien de ses vieux jours.

Ainsi, que l'on compare la situation respective des fermiers et des métayers : on verra, d'un côté, des entrepreneurs hardis, imprudents, qui se ruinent ou dévorent dans leur entreprise une partie de ce qu'ils possèdent ; de l'autre, des agriculteurs modestes qui ne font pas souvent de larges bénéfices, mais qui ne se ruinent pas, ou qui n'ont pas le temps de se ruiner dans la même propriété, dont la plupart entretiennent leur famille sur un bon pied, envoient leurs enfants à l'école, donnent un état à leurs filles et se réservent un pain pour leur vieillesse.

Mais les fermiers ne sont pas les seuls qui soient victimes du genre d'exploitation qui les séduit : ils entraînent avec eux et entretiennent une population, la plus misérable de toutes peut-être, celle qui, dans les villages, ne vit que de ses salaires et dont le sort dépend de l'incertitude des récoltes autant que du genre de cultures et de produits dont les révolutions ne laissent pas d'être assez fréquentes. Ainsi, que dans une contrée un objet de production, qui exigeait beaucoup de sarclage et de main-d'œuvre, fasse place à un produit qui rendra inutiles les bras des hommes et auquel suffira la grande culture, dès ce moment une classe de journaliers se verra privée d'une partie de ses moyens d'existence, et à un sort toujours précaire se mêleront des souffrances qui ne sont pas toujours soulagées. A ce sujet rien n'est plus frappant que le contraste qu'offrent les pays de métayage et ceux des grandes fermes. La prudence avec laquelle les métayers proportionnent les mariages de leurs enfants au nombre des exploitations vacantes, exempte, pour ainsi dire, les campagnes du midi de la France de toute misère et de toute inquiétude que l'excès de la misère peut faire naître dans l'esprit de l'autorité chargée d'assurer la tranquillité en tous lieux. Les conditions du métayage en général sont telles que le métayer devant vivre au moins lui et sa famille dans l'exploitation, plus le nombre des métairies est étendu, moins il y a de prolétaires agricoles inquiets sur leurs moyens d'existence. Le nombre des fermes, en effet, étant peu considérable, la classe des journaliers et des valets de ferme est peu nombreuse, outre que les journaliers qui habitent les villes et les villages possédant presque tous en général une parcelle de terre, les contrées où règne cet heureux état de choses, prospèrent sans aucun établissement de secours public, en même temps qu'elles sont délivrées du spectacle hideux du paupérisme qui ronge les pays industriels.

Il n'en est pas de même dans les pays de grandes fermes. La propriété n'y étant pas divisée comme dans le midi de la France, la classe auxiliaire des fermiers n'y vit que de salaires, dont le taux ou la continuité dépendent des chances des récoltes et du genre de produits dont la culture prévaut pour le moment dans la contrée. C'est ainsi que végète dans la pauvreté et la misère, au fond des villages de la Beauce, de la Normandie, de la Picardie et de tous les pays de grandes fermes, une population malheureuse qui fournit ces légions de mendiants, composées de femmes, de vieillards et d'enfants, qui, chaque hiver, parcourent les campagnes en rançonnant les fermes, et d'où sortent, dans les temps de disette, ces provocations au meurtre, au pillage et à l'incendie qui, en plus d'un endroit, ont désolé et ensanglanté l'année malheureuse qui vient de s'écouler.

L'observation et le calcul viennent confirmer cette différence tranchante entre le midi et le nord au sujet du bien-être comparé et des garanties d'ordre public qui résultent pour la classe agricole et pour la société en général de l'usage des métairies ou de celui du fermage. M. de Villeneuve-Barjemont, dans son *Economie Politique Chrétienne*, s'exprime de la sorte : « C'est « aussi, dit-il, dans quelques départements du nord et « dans ceux où se trouvent nos grandes villes manu- « facturières que la classe agricole commence à res- « sentir les atteintes de la misère. Partout ailleurs elle « est heureuse et prospère, et son travail pourvoit « convenablement à sa subsistance. La proportion mo- « yenne du nombre des pauvres n'est que de 1 sur 50 « habitants dans les communes rurales : elle n'est que « de 1 sur 40 dans un grand nombre de départements « agricoles du midi (1). »

(1) Tom II, pag. 167.

Un pauvre sur 40 habitants, ce n'est pas de la pauvreté : c'est l'absence de la pauvreté !

M. de Gasparin, qui n'est pas suspect en cette matière, dit à son tour : « L'assurance d'un travail constant « et justement rétribué est aussi le bien le plus grand « des métayers et celui qui fait désirer si vivement « cette condition à ceux qui n'ont pas le bonheur d'y « être parvenus dans les pays où les terres se louent « à mi-fruit. En effet, dans les métairies d'une gran- « deur suffisante on trouve rarement la misère, et des « familles nombreuses s'élèvent sous la garantie du « contrat de métayage (1). »

Même à l'égard de la moralité de la classe des méta- yers, M. de Gasparin ne craint pas de dire : « Si l'on « recherche les effets moraux du métayage sur la so- « ciété qui l'a adopté, on verra d'abord que l'exécu- « tion de ce contrat est confiée à la probité du méta- « yer, et qu'ainsi il doit mériter toute la confiance du « propriétaire ; que la perte de cette confiance doit « être un crime irrémissible qui lui fait perdre sa ferme « et l'espoir d'en obtenir une nouvelle. Aussi est-il dif- « ficile, en général, de trouver une classe plus géné- « ralement honnête que celle des métayers et, par son « exemple, elle agit avantageusement sur les pro- « létaires (2). »

(1) Page 58
(2) Pages 72 et 75

7

CHAPITRE VII

—

Le Fermage n'est pas le moyen efficace, dans les contrées méridionales, pour operer les ameliorations agricoles et avancer
les progrès de l'agricultue — Ce sont les propriétaires ins-
truits ou expérimentés qui sont les propagateurs et le stimulant de ces progrès — Le Fermage, dans les mêmes contrées, serait plutôt nuisible qu'utile à l'amélioration des
terres et au bien-être des colons

Les partisans du bail à ferme pourraient dire : « Nous
convenons que le bail à ferme n'est pas aussi lucratif
pour les propriétaires que le bail à moitié-fruits; nous
convenons aussi que la plupart des fermiers, tout compte
fait et balancé à la fin de leurs baux, ne sont pas plus
riches que des métayers qui auraient exploité pendant
cinq ou six ans, c'est-à-dire pendant le même espace
de temps. Mais on confessera du moins que si un assez
grand nombre de fermiers ne font pas leurs affaires et
si quelques-uns se ruinent, la terre en a profité; s'ils
ont eu peu de bénéfice, si leurs dépenses ont excédé
leurs recettes, c'est parce que les améliorations qu'ils
ont tentées, n'ont pas été assez productives pour leur

donner cet excédant de recettes qui constitue la rému-
nération satisfaisante du travail et le profit légitime des
capitaux; mais la terre et les progrès de l'agriculture
n'y ont pas moins trouvé leur avantage, et on ne niera
pas qu'il n'en soit résulté une plus grande quantité de
produits et un accroissement de la richesse générale. »

L'assertion principale sur laquelle ce raisonnement
est fondé, est loin d'être complètement exacte.

On suppose que les dépenses nécessaires que font les
fermiers, ou que l'excédant de leur passif sur leur actif
ont eu pour objet l'amélioration de la terre, ou des
tentatives en agriculture qui ont profité à ses progrès.
Nous nions cette proposition, qui est loin d'être généralement vraie. Ce raisonnement serait plausible dans
un pays où les baux seraient d'une longue durée, ou
au moins d'une période de neuf ans sans interruption
possible. Mais les baux de neuf ans sont l'exception, et
non seulement ils ne sont pas considérés dans le Nord
et surtout en Angleterre comme étant d'une longue
durée, car aujourd'hui partout on dit de cette espèce de
bail, que trois ans sont employés à faire des améliorations, trois ans à en profiter et trois ans à les détruire,
mais les baux qui portent ce terme dans le midi de
la France, sont presque toujours résolubles à la volonté des parties après trois et six ans, de sorte que
c'est, ainsi que nous l'avons déjà dit, comme si les
baux n'étaient que d'une durée de trois ans. Sur quoi
donc calculent les fermiers en général pour obtenir
les bénéfices qu'ils se promettent de leur entreprise?

Ils calculent sur le taux de la rente, qui leur paraît inférieure à la moitié des produits ordinaires de la propriété, et sur leur habileté à la faire valoir. Mais la combinaison des plus avisés ne porte pas sur des avances considérables qu'ils feront pour l'amélioration des terres ou celle des produits de l'exploitation. Ils savent que s'il devenait notoire que leur habileté ou l'emploi de leurs capitaux leur sont très avantageux et dépassent les bénéfices ordinaires des fermiers heureux, le propriétaire, à la fin du bail, augmenterait la rente ou mettrait la ferme aux enchères. Il s'ensuit que les fermiers exploitent toujours comme s'ils ne devaient pas rester longtemps dans la ferme, et si, dans les premières années, ils s'aperçoivent que les petites avances qu'ils peuvent avoir faites, ne leur ont pas réussi, ils s'en dédommagent dans les dernières années en épuisant la terre sans lui rendre en engrais ou en travaux tout ce qu'elle leur donne.

Aussi, loin que personne trouve de différence, en général, en faveur des fermiers dans la manière dont les terres sont cultivées dans le midi de la France, il est constant et d'expérience que les bonnes ou nouvelles méthodes en agriculture sont adoptées d'abord par les propriétaires qui exploitent eux-mêmes ou par des métayers, ce qui est à peu près la même chose, et ensuite ces méthodes se propagent de proche en proche parmi les colons de toute espèce.

Les causes du peu de succès d'un grand nombre de fermiers et de la ruine de quelques-uns ne sont donc pas dans la libéralité avec laquelle ils répandent leur argent dans les propriétés qu'ils exploitent : il faut chercher ces causes dans une mauvaise administration et de fausses combinaisons, conséquence naturelle de l'inhabileté et de l'inexpérience de quelques agriculteurs, qui ne sont pas au niveau de l'exploitation d'une grande ferme. Habitués à cultiver leur petit patrimoine, ou sortant d'une modeste métairie, ils n'ont pas la capacité suffisante pour embrasser d'un coup-d'œil tous les ressorts d'une exploitation vaste, qui exige la précision des calculs, beaucoup de prévoyance et d'économie. Ils ne savent pas régler leurs dépenses sur les bénéfices probables ; quelques-uns, croyant marcher à la fortune, dédaignent de mettre la main à la charrue et entretiennent un ou deux valets de ferme de plus qu'il ne faudrait. D'autres, spéculateurs nouveaux en agriculture, ne sont fermiers que de nom et sous-afferment à des cultivateurs sans garantie qui leur font éprouver des pertes ; ou bien ils distribuent la propriété à des métayers qui absorbent tout le bénéfice de l'entreprise. Ceux-ci ne savent pas nourrir à peu de frais les animaux divers et le bétail nombreux qu'ils veulent entretenir sur la ferme. Pour peu, enfin, que l'intempérie des saisons et les ravages de la nature amènent de pauvres récoltes, une administration malhabile ou ignorante succombe bientôt sous le faix, et la détresse qui s'ensuit est loin d'être le résultat des avances et améliorations faites à la terre, ou de nouvelles tentatives en agriculture.

Mais, en fût-il ainsi, et en supposant que les terres

cultivées par des fermiers reçussent en améliorations et en travaux plus que ne donnent, en général, les propriétaires et les métayers à celles qu'ils exploitent, ce ne serait pas une raison de préférer le bail à ferme au bail à métairie, si cette préférence, loin de profiter aux propriétaires ou aux fermiers, n'était, au contraire, qu'une occasion de ruine pour ces derniers. Lors même que des dépenses faites pour améliorations seraient bien entendues et faites utilement, ce qui n'arrive pas toujours, et que les propriétaires ou l'agriculture dussent en profiter, la justice sociale ne veut pas, ni qu'aucun progrès soit obtenu, ni qu'une classe de citoyens s'enrichisse aux dépens d'une autre, s'il y a interversion de l'ordre équitable d'après lequel le travail doit être rémunéré, les capitaux produire leur profit et la richesse générale répartie.

Ainsi, nous pouvons dire, en résumant tout ce qui précède, que, sous quelque point de vue qu'on se place, loin que le bail à métairie cède en rien au bail à ferme, il l'emporte sur lui par toutes sortes d'avantages.

CHAPITRE VIII

—

Examen sommaire des questions principales qui précèdent, en ce qui concerne la petite propriété — Le fermage ne répond nullement aux deux destinations qu'a la petite propriété dans les départements qui bordent la Méditerranée en France — En un mot, le fermage est impraticable pour la petite propriété et serait pour elle entièrement désavantageux et plein de risques

—

La petite propriété, dans les départements surtout qui bordent la Méditerranée en France, a deux destinations: l'une, de subvenir ou de contribuer aux moyens d'existence de la classe moyenne et des classes qui exercent les petites industries; l'autre, de procurer à toutes les classes qui la possèdent le plaisir des champs et les délassements de la campagne.

Le bail à ferme ne répond nullement à la première de ces deux destinations, c'est-à-dire qu'il ne convient pas aux petits propriétaires qui ne vivent que du revenu de leurs terres, ou qui en tirent le supplément de leurs moyens d'existence.

Le bail à rente fixe ou à prix d'argent ne leur convient pas: premièrement, parce que le bail à moitié-fruits leur est plus profitable; en second lieu, parce que le fermage les exposerait à une interruption fréquente ou à la perte de leurs revenus.

Que le métayage soit plus avantageux et plus profitable à la petite propriété, c'est ce qui résulte de la démonstration qui a été faite pour les grands domaines, cette démonstration s'appliquant avec un surcroît de motifs à tous les morcellements du territoire cultivé.

Ce ne sont pas seulement, en effet, les grandes récoltes qui se partagent dans le bail à moitié-fruits, mais tous les légumes, les plantes potagères, les produits de basse-cour, tous les fruits, (dont la plupart même sont réservés au propriétaire), toutes ces petites productions qui à l'utilité joignent l'agrément de la fraîcheur, ou celui d'avoir été plantées ou semées par le propriétaire lui-même ou par son ordre et sous ses yeux, toutes choses qui ont bien plus de prix pour les classes qui sont obligées de compter avec elles-mêmes et pour lesquelles l'économie est un besoin, que pour les classes riches ou opulentes. N'est-ce pas réellement un avantage et une économie, que d'avoir à sa disposition, non seulement durant le cours de l'année, tous les fruits, toutes les productions variées d'un sol favorisé par le climat, sans l'intermédiaire du marchand, dont le bénéfice renchérit toutes les denrées, mais que de pouvoir s'approvisionner de toutes celles qui se conservent ou dont la consommation lente répond aux besoins de chaque jour? La plupart des petits propriétaires conservant du blé pour leur nourriture et convertissant eux-mêmes leurs raisins en vin, ils économisent ainsi le bénéfice du boulanger et du marchand de vin, et sans compter les produits de basse-cour, comme les œufs, la volaille, les lapins, tous les fruits, tous les légumes qui se consomment dans le cours de l'année, à mesure qu'on les cueille ou que la terre vous les livre, on n'est pas sûr d'énumérer tout ce qui forme l'approvisionnement des modestes ménages et qui est fourni par la petite propriété, en nommant le blé, le vin, l'huile, les pommes de terre, les sarments, quelque peu de gros bois, les olives, les amandes, les noix, les figues, le raisin, la confiture de fruits au moût, le vin cuit, toutes choses qui font, ou le régal des familles, ou subviennent à leurs nécessités, et qui, jointes au plaisir de la chasse à poste fixe et aux parties de campagne les jours de dimanche, complètent à peu près le tableau de tout ce qui fait aujourd'hui, dans les contrées méridionales, participer presque toutes les classes aux jouissances intimes de la propriété territoriale.

C'est dire assez que ce goût général dans le midi de la France pour le plaisir et la liberté des champs, et les avantages que procure l'exploitation à moitié-fruits, sont antipathiques avec le bail à ferme. Celui qui achète une petite maison de campagne et son ténement rural, veut conserver la haute-main, administrer comme bon lui semble, jouir en souverain, se réserver tous les fruits, cueillir toutes les fleurs, rester véritable propriétaire et n'être lié envers celui qui exploite que pour un court espace de temps ; il ne veut pas d'un fermier, parce que la rente qu'il lui offrirait, serait proportionnellement bien inférieure à celle que le fermier d'une grande propriété paie à celui qui la possède. Rien n'est plus facile à démontrer :

Dans le fermage d'une grande propriété il y a toujours une certaine latitude aux bénéfices de celui qui exploite, latitude qui lui est offerte, non seulement par l'espoir de voir proroger son bail au-delà de trois ans, par l'étendue de l'espace et la diversité des produits à cultiver, mais par les combinaisons et l'habileté que cette grande surface et cette diversité de produits favorisent. C'est ce qui détermine le fermier à payer une rente acceptable pour le propriétaire. Mais il n'en saurait être de même pour les petites propriétés. Leur revenu servant aux moyens d'existence de ceux qui les possèdent, serait plus strictement calculé pour servir de base à la rente. Le fermier ne voyant pas dans un domaine de modique dimension un champ assez vaste pour ses spéculations et ses bénéfices éventuels, craignant d'ailleurs la casualité des récoltes inhérente à la délicatesse des produits du Midi, n'offrirait qu'une rente toujours au-dessous des prétentions du propriétaire. Cette offre serait d'autant moindre que les mêmes craintes et les mêmes raisons qui déterminent les grands propriétaires à ne pas accorder de baux au-delà de trois ans, sans se réserver la faculté de les résilier, agissent avec encore plus de force sur les petits propriétaires. Or, une aussi courte durée ne laissant pas au fermier assez de chances de compenser les mauvaises années par les bonnes, ni de profiter des améliorations qu'il pourrait faire, il ne voudrait pas s'exposer à une perte irréparable.

Mais la difficulté serait de trouver des fermiers présentant quelques garanties, car les agriculteurs qui possèdent une parcelle de terre, y tiennent et veulent la conserver, et ceux qui ont fait quelques épargnes, préfèrent les placer sur le sol qui les fait vivre en devenant eux-mêmes propriétaires, plutôt de courir après les bénéfices incertains et fort périlleux d'une petite ferme. Il arriverait donc toujours de deux choses l'une : ou le fermier serait solvable, et alors il n'offrirait qu'une rente insuffisante au petit propriétaire, qui compte, pour ses moyens d'existence, sur les revenus et tout le parti qu'il peut tirer de sa propriété ; ou bien le fermier serait pauvre et sans ressource, et au moindre contre-temps qui diminuerait la récolte annuelle, il ne remplirait pas ses engagements. C'est ce que l'expérience a démontré : des personnes empêchées par leur profession, ou ne voulant pas s'occuper de leurs propriétés, quelquefois trop éloignées de leur résidence, ont voulu les donner à ferme à des cultivateurs sans garantie : tant que les récoltes étaient bonnes, ces fermiers payaient la rente, non sans peine et en en demandant chaque année la diminution, sous le prétexte que les récoltes ne répondaient pas à leur attente. Si les récoltes étaient réellement mauvaises, ils cessaient de payer, ou ne donnaient que des à-comptes. D'autres ont mieux fait et ont quitté clandestinement la ferme.

Il n'est pas besoin de dire que ces inconvénients n'existent pas avec le bail à moitié-fruits : quelles que soient les récoltes, le propriétaire en a la moitié et il n'éprouve jamais d'interruption totale dans cette partie de ses revenus, qui peuvent être les seuls.

C'est ici le cas de répéter le passage de M. de Gasparin, que nous avons appliqué plus haut (1) à une partie de la propriété moyenne, lorsqu'il dit, « qu'un fermage « conclu en dépit des circonstances, fait courir le hasard « de tout perdre, et qu'on ne peut jamais le conclure « dans les pays où il n'est pas usité, qu'au moyen de « grands sacrifices en abandonnant une partie de la « rente à celui qui veut bien s'en charger. »

(1) Page 78.

CHAPITRE IX

—

Règles et usages du contrat de Métayage

——

Nous donnons ici, comme en forme d'appendice, les règles et les usages qui gouvernent la convention entre le propriétaire et le métayer, afin de mieux faire connaître la nature de ce contrat et aussi pour qu'on saisisse bien la différence qui existe entre les pays où le métayer doit pourvoir à l'amélioration de la terre et ceux où le propriétaire seul se charge de l'entretien et des améliorations. Nous avons pris ces règles et ces usages dans l'arrondissement d'Aix, pays essentiellement agricole et où les rapports du propriétaire et du métayer sont probablement régis par les mêmes règles qu'en Italie et sur tous les bords français de la Méditerranée.

On a vu, par la définition que nous avons donnée, en tête de ce mémoire, du bail à métairie et du fermage, en quels points ils diffèrent et que le colonage partiaire surtout participe de la nature des sociétés. Le droit romain contient quelques textes relatifs à ce contrat mixte. Nous n'entrerons pas ici cependant dans le détail de toutes les difficultés qu'il peut faire naître, ni des règles de droit qui servent à les résoudre. Nous nous contenterons d'exposer les clauses les plus ordinaires qui l'accompagnent et les usages qui régissent la convention quand elle n'est pas écrite.

Le principe est, dans l'arrondissement d'Aix, que tous les produits, toutes les récoltes se partagent par moitié entre le propriétaire et le métayer, et c'est la règle qui est suivie quand il n'y a pas de convention contraire. Mais il est rare qu'il n'y ait pas quelque exception en faveur du propriétaire.

Il y a d'abord exception toutes les fois que la propriété se compose en partie de produits qui n'exigent que peu ou point de travail, comme de vastes pâturages naturels, une grande étendue de prés artificiels, un verger d'oliviers ou un vignoble considérable en plein rapport. Dans ces cas le propriétaire vend au métayer ou à tout autre les pâturages surabondants, suivant un prix déterminé, ou il se réserve une quote-part de la récolte du foin, des amandes, des olives ou du vin, comme le tiers, le quart ou le cinquième.

Il y a encore exception toutes les fois qu'il s'agit des terres les plus fertiles de la contrée, qui rendent facile la culture, allègent les labeurs du colon et sollicitent moins d'engrais. La réserve du propriétaire est alors d'une quote-part, telle qu'un huitième, de la récolte du blé, ou un prélèvement, dont l'importance varie, sur la récolte du vin, des olives ou des amandes.

Dans le terroir de Marseille, qui n'est, pour ainsi dire,

planté qu'en vignes, avec mélange d'oliviers dans certains quartiers et quelques mûriers partout, le produit des céréales étant presque nul, le métayer n'a que le tiers du vin; mais les pailles étant nulles ou peu considérables, le propriétaire fournit tous les engrais. Dans la commune de Gardanne, où les terres sont fécondes et bien cultivées, lorsque le propriétaire ne fournit pas le supplément d'engrais nécessaire, il ne partage que les récoltes principales et n'a aucune part aux légumes, ni aux grains qui se recueillent sur les jachères. En général, dans le terroir d'Aix, plus sec que celui de Gardanne et supportant moins d'engrais, le supplément qu'en fournit le propriétaire est moins considérable et il partage toutes les récoltes. Il n'y a exception que pour la portion des terres que le métayer défonce. La première récolte qu'amène cette portion défoncée et qui est ordinairement en légumes, lui appartient exclusivement, à moins que le propriétaire ne lui paie la moitié du travail.

Pour ce qui concerne les terres médiocres, la réserve du propriétaire se borne souvent à la feuille du mûrier, quand le produit n'en est pas considérable. Si la feuille n'est pas réservée au propriétaire et qu'il soit convenu, au lieu de la vendre, d'élever des vers-à-soie, le métayer s'en charge et les cocons sont partagés par moitié.

L'exception la plus générale au partage égal de tous les produits est celle qui attribue exclusivement au propriétaire, dans les grands domaines, un jardin potager, un fruitier, les droits de chasse, tous les lieux qui sont de pur agrément, et dans les héritages moyens jusqu'aux plus humbles, les arbres à fruit en tout ou en partie, le raisin de choix destiné à être servi sur table ou à être conservé, et généralement tout ce qui est de plaisance plutôt que d'utilité, ou qui contribue à la commodité et à l'agrément de l'habitation du maître. Mais ces avantages sont en quelque sorte compensés par la faculté qu'a le métayer de cultiver des légumes ou des plantes potagères pour sa consommation, et par la permission qui ne lui est pas accordée, mais qu'il s'arroge souvent outre mesure, de manger lui et sa famille du raisin pendant tout le cours de sa maturation.

L'entretien du bétail, son partage et celui de son produit se règlent de la manière suivante : le métayer a la faculté, qui lui est presque toujours imposée comme condition, de nourrir et engraisser à son profit avec les produits de la propriété, en fournissant le supplément nécessaire, s'ils ne suffisent pas, un ou deux animaux immondes (1), sur lesquels le propriétaire se réserve, mais fort rarement, quelques livres de chair. Si la propriété comporte l'entretien d'un troupeau de bêtes à laine, le capital en est ordinairement fourni par le propriétaire, après estimation faite de sa valeur, et le métayer lui paie une rente en argent, qui varie et va jusqu'à 5 francs par tête de bétail, suivant que la propriété fournit plus ou moins de pâturages et que le métayer est obligé de s'en procurer ailleurs une plus ou moins grande quantité. Quelquefois, mais rarement, le produit

(1) Des cochons

en agneaux, laine et laitage se partage entre le propriétaire et le métayer, qui achètent en commun le surplus
de pâturages nécessaire. Dans ce cas le propriétaire
paie les gages du berger et le métayer le nourrit. Quant
aux petits animaux de basse-cour, le propriétaire fournit
en capital au métayer un certain nombre de poules et
de lapins qu'il se charge de nourrir, avec l'obligation
de donner au propriétaire, par année, autant de dou-
zaine d'œufs qu'il nourrit de poules, et une ou deux
paires de poulets par couvée. Pour les lapins, la part
du propriétaire est de trois ou quatre par an par chaque
femelle formant le capital productif. A la fin de son bail
le colon est obligé de laisser le capital en poules et lapins,
mais en partie rajeuni. Les pigeons, quand il en existe
dans les propriétés un peu considérables, appartiennent,
ainsi que leur produit, à celui qui les nourrit, et s'ils
sont nourris à frais communs, leur produit se partage:
c'est là un objet de conventions particulières. Ces règles
relatives à tous ces petits produits, ainsi qu'aux réserves
du propriétaire, varient encore si le propriétaire, par
exception, habite son domaine l'année entière.

Les obligations et les charges particulières du propriétaire sont, de fournir au métayer le logement et les
bâtiments nécessaires à l'exploitation. Si le colon n'a
pas les capitaux qu'elle exige en bêtes de labour, instruments aratoires, ustensiles, harnais, et que le propriétaire se soit obligé de les lui fournir, comme, d'ailleurs, ces capitaux restent ordinairement attachés aux
exploitations un peu considérables, il en est fait une

estimation entre les parties, et à la fin du bail le métayer en paie la moins value. Il est d'usage encore que le propriétaire fait, pour la première année, l'avance de toutes les semences, qui sont prélevées ensuite sur les récoltes à partager. Toutes les plantations de vignes, d'arbres de toute espèce, les clôtures, les haies sont aux frais des propriétaires, ainsi que l'extraction de la vigne et de tous arbres quelconques. Seulement, dans ce dernier cas, le métayer se contente souvent du bois de la vigne et du petit bois des gros arbres. Le propriétaire est même obligé de payer pendant deux ou trois ans, jusqu'à ce qu'elle soit en rapport, la taille et la culture de la jeune vigne. Les défrichements sont également aux frais du propriétaire, qui en indemnise ordinairement le métayer en lui abandonnant la première récolte ou plus de la moitié des récoltes pendant un certain nombre d'années. Il paie la taille des oliviers, des amandiers et des mûriers, en abandonnant au métayer le petit bois qui en provient. Dans les baux écrits le propriétaire se réserve ordinairement la faculté de faire tailler ces arbres à ses frais et alors tout le bois lui appartient. Le propriétaire doit laisser consommer dans la propriété tous les foins, pailles et herbages, et si les pailles et les fourrages manquent, il est obligé d'en acheter le supplément nécessaire.

Les obligations spéciales du métayer sont, d'user de la propriété et de la cultiver en bon père de famille, en observant la convention écrite ou l'usage de la contrée; de faire tous les travaux en leur temps et saison, suivant l'ordre des assolements convenus ou habituels ; de fumer les terres et les arbres suivant la pratique ordinaire ; de faire toutes les récoltes à ses frais et de transporter la portion du maître à son domicile ; de nourrir pendant le foulage et le nettoyage du blé et pendant les semailles, si le propriétaire ne peut assister à ces opérations, un homme qui le représente et qui est payé par lui et nourri par le métayer. Il ne doit commencer à fouler ou à battre les grains, à faner les fourrages, à fouler la vendange, à découver le vin sans avoir averti le propriétaire, pour qu'il y soit présent et puisse soigner ses intérêts. Il ne peut, sans la permission du maître, employer les animaux de l'exploitation au service d'autrui ; il est obligé de consommer dans la propriété toutes les pailles, les foins et les herbages ; de souffrir tous les dommages, toutes les pertes de récoltes qui arrivent par accident ou force majeure, sans indemnité contre le propriétaire (1). Enfin, il doit entretenir en bon état tout ce qui est à son usage et faire les réparations locatives ordinaires dans les lieux de son habitation et dans les bâtiments au service de la propriété.

Dans les conventions verbales ou écrites le propriétaire détermine parfois l'étendue de terre que le métayer défoncera chaque année, avec ou sans rétribution ou dédommagement du propriétaire ; il lui impose la condition de lui donner un certain nombre de journées

(1) Quasi societatis jure damnum et lucrum cum domino fundi patitur (L. xxv, § 6, ff. Locat. et conduct)

pour la culture de son jardin fruitier ou potager; de fournir gratuitement son travail pour la plantation d'un nombre limité d'amandiers et de mûriers ou autres arbres; de faire quelques voyages à la ville avec sa voiture champêtre pour le conduire lui ou sa famille à la campagne, pour y transporter des provisions, le linge en lessive, etc. Telles sont les obligations principales et ordinaires du propriétaire et du colon.

Le bail à métairie finit par l'expiration du terme fixé dans la convention, ou par la volonté de l'une ou de l'autre des parties, à condition de se prévenir six mois à l'avance. Seulement il est de règle que le métayer doit profiter de tous ses travaux et recueillir au moins une fois toutes les récoltes, ce qui prolonge quelquefois la durée du bail, suivant la nature des produits et celle des travaux exécutés par le métayer. On suit en cela l'esprit de l'art. 1774 du Code civil, qui porte : « Le « bail sans écrit d'un fonds rural est censé fait pour le « temps qui est nécessaire, afin que le preneur recueille « tous les fruits de l'héritage affermé. »

Le bail est aussi résolu par le défaut de l'une ou de l'autre des parties de remplir ses engagements, mais non par la mort du propriétaire, attendu qu'il ne met pas dans la société son industrie, mais seulement son héritage que le décès de la personne n'altère pas. Il en est autrement de la mort du métayer, dont l'industrie et la personne ont été la considération et le motif principal du contrat. Ainsi, les héritiers du métayer ne peuvent pas lui substituer un autre tenancier, le pro-

priétaire ne pouvant être obligé à recevoir un administrateur de sa terre et un co-partageant autre que celui
en qui il a eu confiance. C'est par la même raison que
l'art. 1763 du Code civil déclare que le colon partiaire
ne peut, ni sous-louer, ni céder, si la faculté ne lui en
a été expressément accordée par la convention.

CHAPITRE X.

—

Conclusion — Trois degrés dans la condition des métayers.
— Dernières réflexions sur les effets du métayage à l'égard
des colons, de la société et sur la situation actuelle des habitants de la campagne.

———•———

On voit que la règle générale est le partage des produits en deux parts égales, dont l'une est quelquefois
accrue en faveur du propriétaire pour représenter
aussi justement que possible la rente de la propriété,
mais dont l'autre ne l'est jamais à l'égard du colon
pour rémunérer son travail, qui est toujours censé suffisamment salarié par la moitié des produits, quelle que
soit l'exiguïté de la propriété , la mauvaise qualité du
terrain, ou toute autre cause qui rende les récoltes in-
certaines. Du moins s'il est favorisé quelquefois dans le
partage, ce n'est jamais que sur les petites récoltes. En
sorte qu'on pourrait établir trois degrés dans la condition des métayers : premièrement, ceux qui exploitent
des ténements ruraux d'une si petite dimension ou d'un

si faible produit, que la moitié des récoltes ne suffit pas à leur subsistance et à celle de leur famille. Alors il est probable que le métayer ne s'est chargé de cette culture, que parce qu'il a une petite terre à lui, qui supplée à ses moyens de vivre; ou bien sa femme prend un enfant en nourrice, blanchit du linge, loue ses journées à ses voisins et lui-même porte son industrie et son travail ailleurs toutes les fois qu'il a du loisir.

Le deuxième degré comprend ceux qui exploitent des propriétés d'une dimension ou d'une importance moyenne, dans lesquelles le partage des récoltes est calculé de manière que le métayer puisse vivre lui et sa famille, avec la chance de faire annuellement peu ou point d'économie, mais cependant une petite épargne au bout d'un certain nombre d'années.

Le troisième degré et le plus élevé comprend ceux qui exploitent les grands domaines, où ils sont certains de faire une épargne presque annuelle.

Telles sont les règles qui président à la convention de métayage dans l'arrondissement d'Aix et qui doivent être à peu près les mêmes dans tous les départements qui bordent la Méditerranée et même ceux qui vont au-delà et qui traversent le Poitou, la Touraine, y compris la Bretagne, jusqu'à la Normandie. Le métayage ainsi réglé forme la condition des métayers dans une assez grande étendue de pays. Ce mode d'exploitation n'est sans doute point parfait, en tant qu'il n'y a rien de parfait dans aucune institution, mais il a moins d'inconvénients que tout autre régime qui serait moins adapté au pays, à ses produits, à l'extrême division du sol, à l'esprit des propriétaires et aux mœurs des habitants. Les propriétaires ont plus de peines et de soucis que dans les pays à fermage, pour la surveillance de leurs propriétés et pour la vente de leurs récoltes; mais, le plus souvent, la surveillance auprès d'un fermier ne serait ni moins grande, ni moins soucieuse. Aussi, la qualité de propriétaire dans le midi de la France est-elle en quelque sorte une profession, qui a ses charmes et ses dédommagements à cause de la beauté du climat, de la variété des produits et des plaisirs tranquilles que procure la fréquentation des champs et de la classe laborieuse et dévouée qui les cultive. La frugalité méridionale s'accommode de cette vie à moitié champêtre, surtout dans les cantons peu industrieux. La récolte du vin n'y est pas absorbée dans la consommation domestique, comme dans beaucoup de pays de la Bourgogne et de la Champagne. Une hygiène simple, une suite de saisons presque sans hiver, la gaîté qu'inspire un ciel toujours serein, identifient presque toutes les classes dans des sentiments inconnus là où les manufactures et une grande disproportion de richesses font naître l'envie et la misère, la pire de toutes, celle qu'engendre l'industrie. Tous les petits propriétaires récoltant en totalité ou en partie les objets de leur consommation, il y a dans les pays de métayage beaucoup moins de petits marchands et de gens sujets aux chances du petit commerce et participant des mœurs de la classe qui s'y livre. Une immense population urbaine partage la sécurité et les mœurs conservatrices que donne la propriété avec une population rurale encore plus nombreuse. Un ordre aussi équitable, aussi honnête et aussi parfait n'est troublé que par de bien légers nuages. Comme dans toutes les associations, le métayer et le propriétaire se plaignent quelquefois l'un de l'autre ; mais le désaccord ne peut jamais avoir de suites graves, ni surtout être de longue durée, puisque les parties peuvent toujours se quitter peu de temps après s'être congédiées. Ces avantages divers se font regretter dans les pays de fermage, où le contrat liant les parties souvent pour de longues années, si le désaccord s'envenime entre le fermier et le propriétaire, la terre peut en souffrir autant que la tranquillité du propriétaire. Aussi, rien de plus pacifique et de plus bienveillant, en général, que les rapports qui lient la population urbaine et la population rurale dans les pays à métayers. Là ne viennent jamais troubler la paix des champs ces actes de rigueur qui dépossèdent de son bétail et de ses instruments de labour un pauvre fermier qui n'est souvent coupable que de l'intempérie des saisons et des ravages de la nature. Courir ensemble, au contraire, les mêmes chances, partager le même espoir, se réjouir en commun, s'affliger des mêmes pertes, engendre une communauté de vœux, de sentiments et d'intérêts tout aussi favorable aux cultivateurs des champs qu'à l'harmonie sociale et à la paix publique. Le colon, dans ses procès, dans ses maladies, trouve souvent dans le maître de l'héritage le conciliateur de ses discordes, le médecin désintéressé qui le soigne lui et sa famille, et dans toutes les occasions de la vie un protecteur, un conseil bienveillant qui lui rend avec usure les petits services qu'il en reçoit. Aussi, dans les propriétés un peu importantes rien n'est-il plus ordinaire que la stabilité des colons et de les voir se succéder de père en fils plus souvent que dans les domaines affermés. Qu'y a-t-il même aujourd'hui de stable dans le fermage, depuis que les propriétaires subdivisant leurs fermes pour obtenir plus de profit de leurs terres, la concurrence qui s'agite pour obtenir des fermages, amène des désastres qui font maudire l'avidité des propriétaires, en aigrissant les mœurs publiques? Plus d'union et d'harmonie, sans accidents funestes ni hostilité cachée, règnent dans les pays à métairies. Le besoin réciproque qu'ont l'un de l'autre le propriétaire et le colon, les relations journalières qu'ils ont ensemble, l'expérience de l'un, les lumières de l'autre, les délibérations communes qui les intéressent, entretiennent une subordination douce et paternelle qui fait du sort des colons partiaires une condition recherchée par les fils de métayer et enviée par l'ouvrier à la journée. Cette stabilité dans un certain bien-être, cette certitude d'un travail non interrompu, ou plutôt de ne pas souffrir de l'interruption du travail, est peut-être le caractère le plus bienfaisant d'un régime qui, en prévenant la misère d'une population nombreuse, l'attache au sol par des habitudes morales, paisibles et conservatrices. Rien en soi, plus on y regarde, n'est en effet plus doux ou moins à plaindre, que le sort du colon

partiaire. Exempt de tout impôt, ne payant aucune re-
devance en argent au propriétaire, il n'est point pressé,
comme le fermier, par le moment de l'échéance ou la
nécessité de vendre ses récoltes à vil prix. A la différence du journalier, il abrège ses journées quand il le
veut et elles n'excèdent jamais ses forces. La beauté, la
douceur du climat l'aident à supporter les années peu
fécondes, et si les récoltes sont heureuses, il prend
part au banquet de la nature qu'il a préparé par ses travaux et il se réjouit de l'abondance avec le maître de
l'héritage.

Ajoutons que depuis un certain nombre d'années
une foule de circonstances sont venues accroître singu-
lièrement le bien-être et la situation générale des habitants de la campagne. D'abord, l'activité progressive du
commerce et de l'industrie dans quelques villes du littoral de la Méditerranée, la conquête de l'Afrique,
l'exécution de grands travaux publics, en déchargeant
les familles du surcroît de leurs enfants, laissent à peine
dans ces contrées une population suffisante pour les besoins de l'agriculture. Les bras y sont rares et les salaires élevés, ce qui maintient les métayers, qui sont toujours certains de trouver un placement, sur un bon pied
vis-à-vis des propriétaires, qui, moins que jamais, ne
peuvent abuser de leur supériorité, ni d'une concurrence excessive qui n'existe pas dans la classe agricole.
Les progrès généraux de l'agriculture, la multiplication
des fourrages et du bétail, les plantations nombreuses
de vignes et de mûriers, ont dû surtout profiter aux

métayers plus qu'aux propriétaires, en augmentant leur
part dans des récoltes et des produits qui n'ont par accru leur travail en proportion. D'un autre côté, l'aisance
plus générale dans les villes procurant un écoulement
facile et un surcroît de valeur à tous les légumes, aux
plantes potagères, aux fruits de toute espèce, les gens
de la campagne cultivent ces produits en plus grande
quantité ou avec plus de soin et s'en font un petit revenu dans les grands centres de population. Le perfectionnement des instruments aratoires ne doit pas être
passé sous silence, puisqu'en rendant les travaux plus
faciles ou en les abrégeant, ils laissent plus de loisir
aux cultivateurs, en ménageant leurs forces et leur
santé. Si quelque chose pouvait manquer à leur bien-
être, c'était le bon marché de toutes les étoffes et la
facilité de se pourvoir en linge et en vêtements de toute
espèce. Qui aurait prédit, il y a cinq ou six lustres, une
telle surabondance en ce genre et à si vil prix, qui, en
rendant sans excuse des habitudes contraires à la propreté et à une certaine élégance, a proscrit, de nos
jours, les signes extérieurs de la misère, ou les a confondus avec ceux de la dernière dégradation? Aussi,
n'est-il rien qui plaise à l'œil du philosophe et à l'amant
de l'humanité comme le spectacle qu'offre aujourd'hui
notre population de la campagne, où les haillons semblent des souvenirs d'un autre siècle, et où l'air de
contentement et de petite prétention qu'elle manifeste,
en témoignant des progrès de tout genre dont elle est
le témoin et dont elle profite, lui marque une place bien

supérieure aux derniers rangs de la classe ouvrière des grandes villes et à tout ce qui végète dans les faubourgs des grands centres de population. La ville d'Aix surtout peut se glorifier de sa banlieue agricole, où les sites pittoresques, parsemés de maisons de campagne, ne le cèdent en rien au joyeux contentement et au sort plus que tolérable de ceux qui la cultivent: vivant au milieu des produits les plus variés, en grande partie sur des côteaux agréables, où elle respire l'air le plus pur, sous l'un des plus beaux ciels du monde; ne connaissant ni les excès, ni les maladies, exempte des longs hivers, cette population ne se distingue plus des habitants de la ville et contribue, par son bien-être et sa frugalité, à relever encore plus le contraste que forme une contrée agricole, favorisée par la nature et par son mode d'exploiter les terres, avec le cortège de misère et de dégradation qui suit les villes d'industrie et de manufactures.

FIN

TABLE DES MATIERES

—

CPSIA information can be obtained at www.ICGtesting.com
Printed in the USA
BVOW09s0904240816

459895BV00011BA/83/P